U0143866

打造花不完的現金流

提錢
退休

怪老子◎著

以數字作依據
擁抱美好退休生活　　精算達人｜怪老子

　　我是在2007年退休，只是從沒想到會在剛退休1年後，就遇上了2008年金融海嘯，這樣的經歷讓我深刻體會，資產的波動對退休有多大的影響。當時股票的價值大幅下跌，但幸運的是，我已經做好了股債配置，因為債券部位在那段期間上漲，幫助我彌補了一部分股票虧損。而從那時候起，我愈加相信股債平衡確實能有效降低資產的波動。

　　生活需要金錢作為支撐，若想要進一步過無憂的退休生活，就必須有穩健的現金流。這意味著在退休理財中，風險管理尤為重要。然而，風險較低的資產，通常伴隨較低的報酬率，以同樣的退休金額來看，每年能產生的生活費用也會相對減少；較高報酬率的股票，波動風險卻又特別大，造成退休後來自投資收益的生活費極不穩定。

　　但其實，投資風險是可以管理的，並不是只有極低風險的銀行定存，或是極高風險的股票可供選擇，而是可以將不同性質的資產做合理有效的組合，然後找到最適合自己的配置。

　　自2007年離開職場，算一算，我已經退休長達17年了，作為一位理財傳教士，又加上擁有相當久的退休資歷，我渴望結合個人的投資知識，將這些退休過程後的歷練撰寫成一本書，幫助大家在準備退休時有一個清晰的指引。

　　首先，我要告訴大家的是，實際上退休所需的金額並不如想像中那

麼多，也不難達成，無需過於恐慌。是兩個關鍵因素：生活費用的過度預估，以及忽略投資報酬率的重要性，讓一般人莫名擔心。

在規劃退休時，人們常常用當前的開支來預測未來的生活費，然而，真正退休後，隨著年齡的增長，身體狀況變化，生活開支實際上會有所減少。我退休後的花費和之前的預估，就存在不小的落差。

更重要的是，許多人對如何投資缺乏了解。若想擁有美好的退休生活，達成較高的投資報酬率是關鍵。這本書將詳細教導大家，以最穩健的投資方式來達成目標。

我認為以數字作依據，才能說服自己，做出的決定也才是正確的。本書中的知識並非我自創，而是來自投資學的經典教科書。這門學問經過科學驗證，只要理解這些理論並加以運用，便能受益良多。

我發現投資學的內容不易理解，因為其中包含許多數學，但最終的結論卻是簡單明瞭：持有市場組合便是最佳的資產配置。無需短期內尋找買賣點，只需長期持有市場組合，便能獲得可觀的回報。

簡而言之，這本書是我將投資學的知識融會貫通後，結合退休所需的實際應用，以淺顯易懂的方式表達出來，並利用 Excel 試算，讓所有概念都能以數字清晰展現。我相信，讀完這本書後，您一定會對投資的理解大為提升，並對未來的退休生活充滿信心。

向成功人士學習
退休的底氣與智慧　　財經作家｜艾蜜莉

　　年輕的時候，我只是一個平凡的上班族，領著25K的起薪，希望有朝一日能夠翻身，於是我很認真向身旁的成功人士請教。只是當時我的人脈實在不多，可以請教的成功人士就是我自己的老闆、教會的大哥、網路上的投資前輩，再來就是怪老子老師。

　　我會認識怪老子老師，是因為在網路上一直看到他分享的文章，裡面包含了很多面向的精闢見解，包含投資、理財、退休等議題。後來又看到怪老子老師在萬華社區大學開課，我真的很興奮，就馬上去報名。老師的課程內容非常紮實，就像這本書一樣，羅列了很多重點，手把手從頭到尾地教大家怎麼規劃和執行最有效益的投資。我一直覺得，只要花一點小錢（幾百元）買本書，就可以向成功人士學習他們淬鍊一生的智慧，實在是太划算了！

　　隨著年齡的增長，我們都期待退休這一天的到來，但卻又擔心自己的財務規劃能力。到底退休需要多少錢呢？大部分的人心裡都沒個數，上次看新聞，很多人居然認為退休需要3,000萬到5,000萬元，並且絕望地認為自己在退休（65歲）之前存不到這個數目，我覺得有這樣悲觀想法的人都應該來讀這本書！

　　書中深入探討了如何根據「個人需求」來確定退休金的目標金額，並提醒我們不要執著於某個具體的數字，而應該以「目標生活」為依據

來決定資金規劃。

　　書中並舉例說明，如果不是要過環遊世界的奢華生活，其實統計起來可能我們每年只需要60萬元的生活費。那麼按照6%的年化報酬率計算，新台幣1,000萬元左右的退休金便足以支撐生活，甚至可以不動用本金！這樣的計算方式不僅科學，還給人帶來了安心感，讓我們能夠清晰地理解退休金的規模與需求。

　　現在我們知道不需要自己嚇自己了。如果是準備1,000萬元的退休金，比起那遙不可及的3,000萬到5,000萬元來說，壓力絕對小很多，而且也有可能辦到！

　　那應該如何存到1,000萬元左右的退休金呢？很多人覺得存退休金是55歲到65歲才需要去想的事情，所以等快退休的10年前再來看這本書就好了。如果您正在這個年紀，我覺得您迫切需要讀這本書！

　　但這並不表示年輕人就不需要看這本書。我記得，曾經有一位大約30歲的年輕人問過我：如果單身一輩子，想退休，需要準備多少錢？又如果想要65歲退休，現在一個月要存多少錢？

　　他問的答案，這本書裡全都有。

　　首先，這個年輕人是很節省的人，所以他未來目標生活費不多，1,000萬元一定夠。再來他很年輕，離目標退休年齡還有35年，我們假

設他的年化報酬率8%好了，套入本書所呈現的公式，那麼，他現在每個月（退休準備期）只要投資5,000元就可以了。

至於怎麼投資才好呢？這個問題或許每個人的答案不同，但應該大家都同意，投資跟賭博不同，不是靠運氣，希望像樂透一樣一次贏一回大的，或是賺賺賠賠，自己都不知道自己下一次的投資會如何，這些方式都不適合用來籌措退休金，更不適合退休之後用來過生活！

而怪老子老師的這一本書也給了我們解答：股債平衡投資法。我們可以用股票型ETF（例如0050）、20年期債券型ETF（例如TLT），必要的話再加一些定存，就能做到睡覺也能安心賺的境地。

我很喜歡怪老子老師這本書的一個重點，是因為它是一本很實在且很實用的書，因為文中每個數字都不是憑感覺寫的，而是經過精算、模擬、回測的，而且書中會有搭配的公式或小軟體讓我們套用，實在非常方便。

另外，我也特別喜歡書中提出的「動態提領」這個概念。因為退休生活中難免會遇到一些突如其來的變故，例如自己的健康問題、家人需要幫助等，這些變故往往會使我們的財務狀況承受壓力。

而書中提出的「動態提領」概念，正是解決這類問題的有效策略。它提醒我們在退休後不應該僵化地遵循每年固定提領的模式，而是根據

實際需要靈活調整，確保資金不會過早用盡。

　　我還記得鄰居阿姨的經歷，她原本堅持每年固定提領，但在家人生病後，她不得不在短時間內支付高額醫療費用，使得退休金一度面臨危機。如果她早些接觸到這本書中的動態提領概念，或許當時的情況會輕鬆許多。

　　書中指出的動態提領方法，不僅是對資金流的有效控制，更是對生活變數的靈活應對。這樣的策略給了每一位退休人士一種從容的心態，無論未來的經濟情勢如何變動，我們依然能夠在有限的退休金中調整提領比例，以達到長期穩定的財務狀況。

　　總歸來說，怪老子老師寫的這本書不僅是一本投資理財書，更是一本人生指引書。它讓每位讀者能夠在面對退休生活時，充滿信心與勇氣。從動態提領到股債平衡，從退休金公式到豐富的案例分析，這些具體的內容使得本書成為了一個可靠的參考指南。

　　透過這本書，讀者可以更清楚地看到自己的財務未來，並在每個財務決策中擁有更多的底氣及智慧。也因此，無論是對年輕的理財新手，還是對退休在即的讀者而言，這本書都將是通向退休與財務自由之路上的最佳伴侶。

　　能看到並且推薦這本書給大家，我感到非常榮幸！

投資愈簡單愈快樂
愈能達到目標

財經節目主持人｜邱沁宜

　　認識怪老子老師很多年了，每次看到他總是笑咪咪一派悠閒樣，節目當中我常常會請來賓預測，接下來的行情是漲是跌？該買該賣？怪老子總是不疾不徐地舉起中立牌說：「我不知道，也不特別關心，短期行情不會影響我的配置。」

　　怪老子的資產組合是以退休生活為主，短期行情的變動自當不該影響情緒，更不該出現陣腳大亂的狀況。而其中的關鍵，就在配置的策略及等候的耐心，這也是怪老子能夠樂活退休的原因。

　　現代人的平均餘命愈來愈長，「百年人生」漸是常態，人們逐漸實現長壽的夢想，只是很多人卻開心不起來。「天啊，那不是要準備好幾千萬元的退休金嗎？我都不敢退休了。」「退休後都在吃老本，萬一老了沒錢不是很慘？」這是很多人對於長壽生活的憂慮。

　　許多人很渴望早點退休，過上自由自在的生活，但好好退休這件事，需要認真準備。首先，你要清楚你想過的退休生活到底是什麼模樣？沒有了日常的工作之後，有哪些興趣可以讓你的退休生活豐富有趣？是否有不同的朋友圈，可以一起分享探索多樣化的生活？當然，你還要常常保持健康的生活作息，這樣才算真正的快樂退休。

　　上面的問題，你可以自行回答，然後試算出可以滿足你想要的退休生活花費，再來就是如何準備足夠的退休金。人們對於未知總是有很多

的恐懼，明明退休應該是人生另外一個嶄新風景的開始，卻很可能因為沒有做好財務規劃，讓日子過得戰戰兢兢，辜負了美好時光。

　　如果你有類似的擔心，請一定要把這本書仔細看完。氣定神閒的怪老子老師已經幫大家精算完畢，你會很驚訝的發現，原來退休沒有想像中困難；原來不管活到幾歲，退休金竟可以永遠花不完！而且退休準備金比你預期的低很多，竟然只要約1,200萬元。是不是很振奮人心呢？！

　　這裡面的關鍵是，你要先好好工作，好好存錢，讓自己在退休的時候有一筆退休預備金，然後找到持續穩定的投資方式，不用特別驚人的報酬率，穩穩平均6%左右，就可以高枕無憂。6%的報酬率困難嗎？以平均年化報酬來說，算是相當平實的目標，但是很多人沒辦法達到。因為行情波動，人心更波動，總是希望快點達陣，總是以為手中的股票這一次不一樣，在美夢中勇敢，在現實中受傷。

　　怪老子非常擅長資產配置，這本書同時清楚告訴大家資產配置的密訣。現在的股市投資工具非常豐富，只要選對標的，持之以恆的投資，風動盤勢動但心不動，時間會讓你明白，訂好策略跟等待是值得的，錢會自己流進來。投資，不但是愈簡單愈快樂，且往往愈簡單愈能達成目標。看完這本書，你會發現準備退休金就是這麼簡單。當你做好規劃後，就不需要再為數字而焦慮，把寶貴的時間留給你最想過的生活吧！

Contents 目錄

PART ① 退休金精準算

Chapter 01 存多少錢才能勇敢退休
線上輸入5參數秒知總額

Chapter 02 幾歲能退休算得出來
期待、口袋、投報帶決定可退年齡

PART ② 勞保勞退疑問全解答

Chapter 03 勞保加勞退可以領多少
退休金2支柱 養老有底氣

Chapter 04　勞保老年年金該不該提前領
答案藏在平均餘命與超車年齡

PART Ⅲ 打造花不完的退休金

Chapter 05　退休金不縮水的關鍵
預估合理通膨及波動風險

Chapter 06　存股必賺密技
ETF能確保源源不斷的現金流入

Chapter 07　債券具強大鎖利效果
可長期持有不用操作的類定存

Contents 目錄

Chapter 08　0050未來報酬率大公開
1指標找出高CP值投資標的

Chapter 09　退休後黃金資產配置出列
揭股債最佳組合6：4

PART Ⅳ　退休後遇股災也不怕

Chapter 10　動態提領退休金一定夠用
股災來亂、通膨高掛也不怕

Chapter 11　股債ETF推薦標的出列
ETF百花齊放 哪一檔最值得買

Chapter 12　退休金永遠花不完密技
確保投資收益超過年生活費

PART Ⅴ 關於退休金規劃誤區

Chapter 13　市值型優於高股息ETF的理由
別讓退休金累積慢半拍

Chapter 14　誰說打造現金流要靠高配息
0050 vs.4檔人氣高股息ETF大PK

PART ① 退休金精準算

Chapter 01

存多少錢才能勇敢退休
線上輸入 5 參數秒知總額

重點摘要

▨ **1. 詳列所有需求與變數估算生活開銷**

▨ **2. 試算退休金需求總額**

▨ **3. 退休金真的可以永遠花不完**

實戰試算

▨ **1. 一張 Excel 表精準估算生活開銷**

▨ **2. 輸入 5 參數，退休金需求總額馬上知**

關於退休，我最常被問到的問題就是：要準備多少錢才能安心退？很多人以為要有3、4千萬元才有資格退休，這樣才算財富自由，但以我的經驗來說，這是自己在嚇自己！說要3、4千萬元才有資格退休的人，一定沒有仔細算過。

那麼，到底要多少錢才能退休？這個問題其實有標準答案，只是每一個人都不一樣。因為每個人的需求不同，投資能力也不一樣。而想要安心退休，除了得知道準備多少金額才足夠外，還得規劃投資什麼樣的標的，能夠達成多少報酬率。萬一規劃與實際執行發生出入，又該如何調整，這些都需要有腹案才行。

退休時間軸

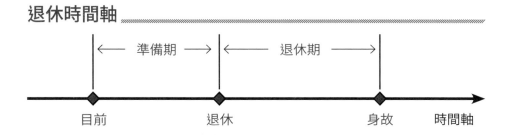

從退休的時間軸來看，倘若現在距離退休還有一段期間，這段期間是籌措退休金的時段。例如現在30歲，預計65歲退休，還有35年的時間可以籌措退休金。從退休後到身故，才是真正的退休期。

退休金籌備3大過程

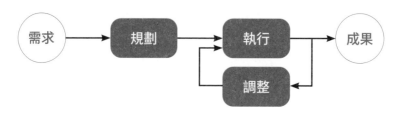

　　退休金籌備可以分成3大過程：規劃、執行、調整。第一步是規劃，首先要列出自己的需求，例如預計幾歲退休，退休後想過什麼樣的生活，進而衍生出每年生活費需要多少金額。

　　需求訂出來之後才有辦法做規劃。而退休金規劃除了考慮物價上漲，也就是通貨膨脹率之外，還必須依個人投資能力，訂定投資報酬率，這樣才有辦法知道退休時需要準備多少退休金。

　　當退休金需求確定後，接著就是盤點一下目前已累積多少退休金，當中的缺額便是退休前必須補足的金額。下一步則需進一步規劃，每個月需投入多少金額，才能補足這個缺額。當然要達成此目標，該投資哪些資產及配置比例等，也都是規劃的重點。

　　規劃完成之後，就進入實際執行的步驟，此時只要按表操課就好。只是途中必然發生實際與規劃的差異，像是發生股災造成資產大跌，或是其他無法控制的變數，所以每隔一段期間，都該檢視現況偏離規劃有多遠，進而透過「動態提領」方式調整回來，這是非常重要的一環。

詳列所有需求與變數估算生活開銷

　　退休金究竟需要多少，每個人都不一樣，歸納起來總共有關鍵4變數，其中3個只有自己可以決定，第1個變數，是退休後每年需要多少生活費。每個人想要過的退休生活都不一樣，有人退休後只想過著簡單悠

閒的生活；也有一些人退休後希望可以遊遍全世界，如此每年所需費用當然不低。所以，得先按照自己的需求，估算出每年所需生活費。

要特別說明的是，退休後生活費用跟退休前很不一樣，因為退休後小孩都各自獨立了，只剩下夫妻倆一起生活，三餐自行料理較多，每天其實花不了多少錢。並不是吃不起外食，而是年紀大了，考量到身體健康，外食還真的不能吃多；更何況退休後最多的就是時間，閒著就自己煮飯吧！

另外，退休前只有假日才有空出遊，飯店及餐食都是最貴的時段，退休後則是平日出遊，消費便宜外，也不用跟別人塞車；退休前南部旅遊是自駕，退休後都直接搭高鐵，老人票半價，到了當地再搭公車或小黃，也花不了多少錢，因為年紀大了，也跑不了太多地方。

說了老半天，重點是，退休後的生活花費沒有想像那麼多，不要用年輕時的消費水準來估算，因為花不動啦！

至於每年實際會有多少花費？只要試算一下就知道。讀者可以掃描第21頁的QR Code，便會看到一份線上Excel表格，可根據自己退休後的生活條件，自行更改數值，就能得到年度總費用。

以電費、水費、瓦斯費為例，每2個月繳費1次，大家可能搞不清楚究竟費用多少，建議把去年的帳單找出來，依照繳費的月分一一填入，這樣最準確。

以我為例，房屋為自有，房貸已經繳完，所以每月租金為0。交通費每個人的差異會很大，主要是有無汽車，表列每月1,500元並不包括汽車費用，而是全部依靠公共運輸及小黃（計程車）。若希望擁有汽車，費用請自行更改。

占比最大的是食材部分，每天以800元估算，每月2萬4,000元，相當於每年28萬8,000元，占總費用56.6%。接著是外食及育樂2部分，外

食估算每週1次，2人每次1,600元，育樂每2個月國內旅遊1次，2人一起每次預算8,000元。外食及育樂占總費用24.5%，約1/4額度。

再來說明大家最關心的醫療費用。其實國內的全民健保已經提供了基本的醫療保障，但是想要得到比較好的醫療照顧，就會有額外費用，例如自費的藥材、手術器具，以及住院病房加價費等。這些費用可能都不會用到，也可能是很高的金額，最好的方式是透過保險的理賠金支付，把不可預知的大金額，化成每年固定費用。

我用國泰人壽新樂安心住院醫療健康保險，保額1,000元，年繳保費1萬4,654元，及國泰人壽樂順心手術醫療定期健康保險，保額1,000元，年繳1萬7,780元，合計每年3萬2,434元計算。將全部需求與變數抓出來後，就可以大概計算出退休後每年所需費用。

再看退休金準備的第2個變數：預計幾歲退休。每一個人期望退休的年齡都不一樣，有些人希望早早退休，有些人是工作狂，沒有工作就沒有重心，不管你是哪一種人，總要選出一個退休年齡。

至於第3個變數：投資報酬率。報酬率必須是自己能達成才行，如果你只敢把退休金放銀行定存，每年的投資報酬率就是1.7%；但如果投資元大台灣50（0050）或富邦台50（006208），每年平均報酬率在9.5%上下，只是風險較大，我建議以5%估算。

第4個變數：通貨膨脹率。這變數我們無法自行決定，只能看大環境變化與政府的作為。每年物價當然會隨通貨膨脹率而改變，然而未來的通貨膨脹率會是多少呢？我們無法事先知道，只能憑藉過去的經驗預估一個數值，通常我會建議每年以1.5%做估算。

把以上4項參數：退休後每年需要多少生活費、預計幾歲退休、自己可以達成的投資報酬率、通貨膨脹率定下來之後，就可以開始試算究竟該準備多少錢，才能跟職場說拜拜。

退休後生活費試算

年度總費用 508,485　　平均每月 42,374　　　　單位:元

項目	1月	2月	3月	4月	5月	6月	7月
房租	0	0	0	0	0	0	0
電費		939		830		916	
水費	381		370		398		381
交通費	1,500	1,500	1,500	1,500	1,500	1,500	1,500
管理費	1,340	1,340	1,340	1,340	1,340	1,340	1,340
電信費	1,500	1,500	1,500	1,500	1,500	1,500	1,500
瓦斯費	368		414		334		350
食材	24,000	24,000	24,000	24,000	24,000	24,000	24,000
外食	6,400	6,400	6,400	6,400	6,400	6,400	6,400
育樂		8,000		8,000		8,000	
醫療保險	32,434						
合計	67,923	43,679	35,524	43,570	35,472	43,656	35,471

項目	8月	9月	10月	11月	12月	年度費用	百分比
房租	0	0	0	0	0	0	0.0%
電費	1,303		1,630		1,111	6,729	1.3%
水費		376		370		2,276	0.4%
交通費	1,500	1,500	1,500	1,500	1,500	18,000	3.5%
管理費	1,340	1,340	1,340	1,340	1,340	16,080	3.2%
電信費	1,500	1,500	1,500	1,500	1,500	18,000	3.5%
瓦斯費		350		350		2,166	0.4%
食材	24,000	24,000	24,000	24,000	24,000	288,000	56.6%
外食	6,400	6,400	6,400	6,400	6,400	76,800	15.1%
育樂	8,000		8,000		8,000	48,000	9.4%
醫療保險						32,434	6.4%
合計	44,043	35,466	44,370	35,460	43,851	508,485	100.0%

註：沒有養車；2人每月外食4次，
　　每次1,600元；每2個月國內出
　　遊1次，每次8,000元

資料來源：怪老子

掃描 QRcode
下載 Excel 表

◤ 試算退休金需求總額

怪老子做了線上試算表，只要輸入需求，可立即算出所需退休金。

進入線上試算網頁後，方框是可變更參數，第1個參數：每年生活費（現值），不管目前幾歲，都可以當前物價水準估算，預設值為60萬元。

退休金需求線上試算

每年生活費（現值）	60 萬元
幾年後開始退休	0 年
每年生活費（退休第1年）	600,000元
通貨膨漲率	1.5% ∨
預定報酬率	5.00 %
實際報酬率	5.0 %; 標準差 5.0 %
需求年數	35 年
退休金	1,251萬元
提領率	4.8%

規劃試算　模擬(年金固定提領)　模擬(年金動態提領)

掃描 QRcode
進入試算網站

資料來源：怪老子理財網站

第2個參數：幾年後開始退休。若目前年齡為40歲，預計65歲退休，該參數必須設定25年。預設值為0年，是假設立即退休。這個參數設定後，會根據通貨膨脹率，立即將每年生活費（現值）轉換成退休第1年所需的生活費，顯示於「每年生活費（退休第1年）」這個欄位。

第3個參數：通貨膨脹率，可選擇適用的通貨膨脹率1～3%，預設值為1.5%，若覺得要保守一點，還可以選擇高一點的通貨膨脹率。

第4個參數：預定報酬率，這個數值必須自己有能力達成才有意義，預設值為5%。下一個參數是實際報酬率及標準差，可暫時略過。

第5個參數：需求年數，就是預計退休金可用年限。我一般建議退休金必須可以使用至100歲，如果預計65歲退休，需求年數就是35年。

退休金提領明細表

年度	報酬率	提領	獲利	期末結餘
1	0%	600,000	0	11,905,116
2	5%	609,000	595,256	11,891,372
3	5%	618,135	594,569	11,867,806
4	5%	627,407	593,390	11,833,789
5	5%	636,818	591,689	11,788,660
6	5%	646,370	589,433	11,731,723
7	5%	656,066	586,586	11,662,243
8	5%	665,907	583,112	11,579,448
9	5%	675,896	578,972	11,482,525
10	5%	686,034	574,126	11,370,617
11	5%	696,324	568,531	11,242,824
12	5%	706,769	562,141	11,098,195
13	5%	717,371	554,910	10,935,734
14	5%	728,131	546,787	10,754,390
15	5%	739,053	537,719	10,553,056
16	5%	750,139	527,653	10,330,569
17	5%	761,391	516,528	10,085,706
18	5%	772,812	504,285	9,817,179
19	5%	784,404	490,859	9,523,634
20	5%	796,170	476,182	9,203,645
21	5%	808,113	460,182	8,855,714
22	5%	820,235	442,786	8,478,265
23	5%	832,538	423,913	8,069,640
24	5%	845,026	403,482	7,628,096
25	5%	857,702	381,405	7,151,799
26	5%	870,567	357,590	6,638,822
27	5%	883,626	331,941	6,087,137
28	5%	896,880	304,357	5,494,614
29	5%	910,333	274,731	4,859,012
30	5%	923,988	242,951	4,177,974
31	5%	937,848	208,899	3,449,025
32	5%	951,916	172,451	2,669,560
33	5%	966,195	133,478	1,836,843
34	5%	980,688	91,842	947,998
35	5%	995,398	47,400	0

　　第一次進入這網頁時，會先以預設數值試算一次，假若每年需60萬元生活費，且能抵抗1.5%的通膨，退休後可用到100歲，退休金需求為1,251萬元。所以，誰說退休金需要3,000萬元或5,000萬元才足夠呢？

◤ 退休金真的可以永遠花不完

　　假若目前40歲，預計65歲退休，距離退休還有25年，「幾年後開始退休」必須改成25，每年生活費若像我前面算出來的50萬8,485元，其他條件不變，所需要退休金將增至1,538萬元。為何同樣都是每年50萬8,485元的生活費，退休金準備卻不同？這是因為25年後才退休，現在50萬8,485元的物價，每年1.5%通貨膨脹率，25年後就需73萬7,784元。

距離退休還有25年的退休金試算

每年生活費（現值）	50.8485萬元
幾年後開始退休	25年
每年生活費（退休第1年）	737,784元
通貨膨漲率	1.5% ∨
預定報酬率	5.00%
實際報酬率	5.0%; 標準差 5.0%
需求年數	35年
退休金	1,538萬元
提領率	4.8%

規劃試算　模擬(年金固定提領)　模擬(年金動態提領)

資料來源：怪老子理財網站

　　如果現今55歲，預計60歲退休，且投資報酬率有把握達到6%，每年生活費仍是50萬8,485元，設定為5年後退休，預定報酬率6%，需求年數設定40年，退休金需求只要1,063萬元。

距離退休還有5年、報酬率6%的退休金試算

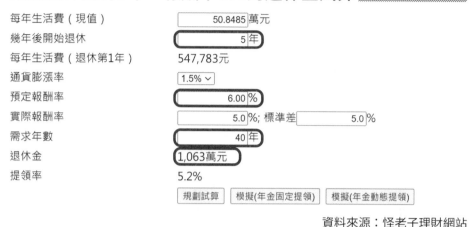

每年生活費（現值）	50.8485 萬元	
幾年後開始退休	5 年	
每年生活費（退休第1年）	547,783元	
通貨膨漲率	1.5% ∨	
預定報酬率	6.00 %	
實際報酬率	5.0 %; 標準差	5.0 %
需求年數	40 年	
退休金	1,063萬元	
提領率	5.2%	

規劃試算　模擬(年金固定提領)　模擬(年金動態提領)

資料來源：怪老子理財網站

　　同樣條件，如果只會投資定存，投資報酬率就設定為1.7%，這時候退休金得要2,109萬元才夠，與投資報酬率6%所需存足的1,063萬元退休金，相差了將近1倍。可見投資報酬率對退休金的影響有多大。

只會投資定存的退休金試算

每年生活費（現值）	50.8485 萬元	
幾年後開始退休	5 年	
每年生活費（退休第1年）	547,783元	
通貨膨漲率	1.5% ∨	
預定報酬率	1.7 %	
實際報酬率	5.0 %; 標準差	5.0 %
需求年數	40 年	
退休金	2,109萬元	
提領率	2.6%	

規劃試算　模擬(年金固定提領)　模擬(年金動態提領)

資料來源：怪老子理財網站

那麼，如果希望退休金「永遠」用不完，又需要多少退休金呢？也可以試算一下，只要將需求年數設定為1,000年，得到的答案就是啦。

先把幾年後開始退休改回0年，需求年數改成1,000年，算出來的退休金需求為1,198萬元。退休時每年生活費提領50萬8,485元，而且每1年以通貨膨脹率1.5%增加，投資報酬率設定6%，只要準備1,198萬元退休金，就可以達成這個目標。

其實，需求年數若變更為500年或300年，結果也都是1,198萬元退休金，也就是說退休金所需金額，跟需求年數並不是呈線性增加，而是接近1,198萬元就是極限。當然這個前提是，投資報酬率需有6%。

有了這個線上退休規劃工具，可以很清楚地告訴自己，退休後我想過什麼樣的生活，預計幾歲退休，考慮通貨膨脹影響等因素之後，應該要準備多少金額才足夠。看過明細表之後，心理就會更踏實了。

退休金永遠用不完試算

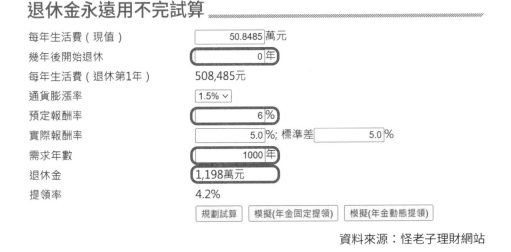

每年生活費（現值）	50.8485萬元
幾年後開始退休	0 年
每年生活費（退休第1年）	508,485元
通貨膨脹率	1.5% ∨
預定報酬率	6 %
實際報酬率	5.0 %; 標準差　5.0 %
需求年數	1000 年
退休金	1,198萬元
提領率	4.2%

規劃試算　模擬(年金固定提領)　模擬(年金動態提領)

資料來源：怪老子理財網站

Chapter 02

幾歲能退休算得出來
期待、口袋、投報帶決定可退年齡

重點摘要

░ **1. 算一算自己幾歲可退休**

░ **2. 輸入2變數 可退休年齡全揭露**

░ **3. 提早退休3要素：期待、口袋、投報帶**

實戰試算

░ **1. 算出幾歲有資格退休**

░ **2. 一表查出可退休年齡**

基富通曾進行一項「萬人退休大調查」，結果顯示，有6成民眾沒信心能存夠老本，50歲之後也只有5成左右的人有退休理財計畫。

　　在退休金額部分，調查顯示平均預期退休金為1,403萬元；相較2020年調查的1,111萬元，增加近300萬元，凸顯民眾對退休準備意識提高。但有信心達成退休金準備目標的比例，卻只有35.3%，相較於4年前調查的40%下滑4.7%，且預期退休年齡也延後，平均為62.5歲。

　　這反映一件事，退休理財真是知易行難，大家都知道要趁早進行，但總是無法盡如人意。畢竟人生大事還有很多，例如買房、子女教育都要花不少錢；等到孩子長大了，房貸還完了，開始規劃退休，才發現自己年紀也一大把了，自然對籌措退休金顯得毫無信心。

　　我自己也是40歲才開始理財，不過，很快地在50歲就存夠退休金，並且提早離開職場。退休前我在科技業工作，壓力非常大，當時身體發出了一些警訊，後來想想沒了健康，再多的錢也沒用，於是存夠錢就退休。但退休並不是什麼事都不做，而是做自己想做的事。

　　想要提早退休是多數人的夢想，但是有沒有辦法按照每個人的能力，預知可提早退休的年齡呢？其實只要根據目前手上已有的存款，再計算並規劃每月可投入的金額，即可知道未來每年累積退休金的情況。當累積的退休金高過退休金需求，那一年度就可以退休囉！就算沒打算提早退休，但選擇權終究握在自己手中。

算一算自己幾歲可退休

我做了一個Excel試算表，只要根據自己的條件輸入變數，可立即幫你算出幾歲可以退休。這試算表分為3個區域，一個是變數及結果區、一個是明細表另外一個是可退休年齡彙總表，不論幾歲都適用。

掃描QR Code
下載 Excel 表

變數及結果區

已有存款200萬元

累積退休金變數		退休金需求變數		試算結果	
目前年齡	30	通貨膨脹率	1.50%	可退休年齡	49
已累積金額（萬元）	200	退休年生活費	600,000	累積退休金額	1,729萬元
每月投入（元）	10,000	退休後投資報酬率	6.00%		
退休前投資報酬率	9.50%			退休金需求	1,670萬元

無任何存款

累積退休金變數		退休金需求變數		試算結果	
目前年齡	30	通貨膨脹率	1.50%	可退休年齡	60
已累積金額（萬元）	0	退休年生活費	600,000	累積退休金額	1,873萬元
每月投入（元）	10,000	退休後投資報酬率	6.00%		
退休前投資報酬率	9.50%			退休金需求	1,820萬元

資料來源：怪老子

變數及結果區：包括2組變數，累積退休金變數、退休金需求變數，及試算結果。黃色格都是可變更數值的變數，試算結果下的「可退休年齡」是試算後最早的可退休年齡，例如目前30歲，希望退休後每年生活費60萬元，通貨膨脹率1.5%，退休後投資報酬率6%，退休前投資報酬率9.5%，目前已累積金額200萬元，每月可投入1萬元，試算結果會顯示：可退休年齡49歲，退休金需求約1,670萬元，累積退休金額約1,729萬元。

如果目前都還沒有準備任何退休金，只要將已累積金額更改成0，每月投入金額若維持1萬元，算出來到60歲即可退休，退休時需要1,820萬元，累積退休金則為1,873萬元。

明細表區：根據所有變數，計算出每一年度累積的金額，經通膨調整後的每年生活費，以及退休金需求。以下是以目前年齡30歲、已累積金額0元、每月投入1萬元、退休前投資報酬率9.5%、通貨膨脹率1.5%、退休後年生活費60萬元、退休後投資報酬率6%為例。

年齡那一欄會根據輸入的年齡列至100歲，累積退休金欄位會根據已累積金額及每月可投資金額，計算至該年度的累積退休金，年生活費欄位則會根據退休每年生活費，並以通貨膨脹率調整，例如第一年60萬元，通貨膨脹率1.5%，那麼第2年就要60萬9,000元才夠，依此類推到了40歲退休時，年生活費得要69萬6,324元才足夠。

退休金需求欄位列出該年度退休時，退休金該準備多少才足夠。例如40歲退休，退休金需要約1,519萬元；60歲退休，退休金需求約1,820萬元。接著看「過關？」欄位，用來檢查該年度是否有資格退休，也就是該年度累積退休金是否大於退休金需求，如果是，就顯示1。所以看看這一欄何時最早出現1，就是可退休年齡。

從下頁表格可看到，59歲時退休金累積約1,699萬元，仍少於退休金需求約1,809萬元。到60歲時可累積退休金1,873萬元，高於退休金需求約1,820萬元，所以「1」出現了，過關！代表最早可退休年齡就是60歲。

明細表區

年齡	累積退休金	年生活費	退休金需求	過關？
30	0	600,000	13,454,978	
31	125,139	609,000	13,626,277	
32	262,167	618,135	13,798,314	

年齡	累積退休金	年生活費	退休金需求	過關？
33	412,212	627,407	13,970,989	
34	576,512	636,818	14,144,197	
35	756,420	646,370	14,317,822	
36	953,419	656,066	14,491,739	
37	1,169,133	665,907	14,665,813	
38	1,405,340	675,896	14,839,901	
39	1,663,987	686,034	15,013,845	
40	1,947,205	696,324	15,187,480	
41	2,257,329	706,769	15,360,625	
42	2,596,915	717,371	15,533,087	
43	2,968,761	728,131	15,704,659	
44	3,375,933	739,053	15,875,119	
45	3,821,786	750,139	16,044,229	
46	4,309,995	761,391	16,211,736	
47	4,844,584	772,812	16,377,365	
48	5,429,959	784,404	16,540,826	
49	6,070,944	796,170	16,701,807	
50	6,772,823	808,113	16,859,975	
51	7,541,381	820,235	17,014,973	
52	8,382,952	832,538	17,166,423	最
53	9,304,471	845,026	17,313,918	早
54	10,313,536	857,702	17,457,025	可
55	11,418,461	870,567	17,595,283	退
56	12,628,354	883,626	17,728,198	休
57	13,953,187	896,880	17,855,247	年
58	15,403,879	910,333	17,975,869	齡
59	16,992,387	923,988	18,089,468	
60	18,731,803	937,848	18,195,408	1
61	20,636,464	951,916	18,293,014	1
62	22,722,067	966,195	18,381,564	1
63	25,005,803	980,688	18,460,291	1
64	27,506,494	995,398	18,528,380	1
65	30,244,750	1,010,329	18,584,961	1
66	33,243,141	1,025,484	18,629,110	1

年齡	累積退休金	年生活費	退休金需求	過關？
67	36,526,379	1,040,866	18,659,844	1
68	40,121,524	1,056,479	18,676,117	1
69	44,058,208	1,072,326	18,676,816	1
70	48,368,878	1,088,411	18,660,759	1
71	53,089,060	1,104,737	18,626,689	1
72	58,257,660	1,121,308	18,573,269	1
73	63,917,278	1,138,128	18,499,078	1
74	70,114,558	1,155,200	18,402,608	1
75	76,900,581	1,172,528	18,282,252	1
76	84,331,275	1,190,116	18,136,308	1
77	92,467,886	1,207,967	17,962,964	1
78	101,377,474	1,226,087	17,760,296	1
79	111,133,474	1,244,478	17,526,262	1
80	121,816,293	1,263,145	17,258,690	1
81	133,513,981	1,282,093	16,955,278	1
82	146,322,948	1,301,324	16,613,576	1
83	160,348,768	1,320,844	16,230,987	1
84	175,707,040	1,340,657	15,804,752	1
85	192,524,348	1,360,766	15,331,941	1
86	210,939,300	1,381,178	14,809,445	1
87	231,103,673	1,401,896	14,233,963	1
88	253,183,662	1,422,924	13,601,992	1
89	277,361,249	1,444,268	12,909,812	1
90	303,835,707	1,465,932	12,153,477	1
91	332,825,239	1,487,921	11,328,797	1
92	364,568,776	1,510,240	10,431,329	1

資料來源：怪老子

輸入2變數 可退休年齡全揭露

可退休年齡彙總表區：表內「累積退休金變數」部分，因為每一位使用者的年齡，以及目前已累積多少退休金，在試算時已經確定了，不會再改變。所以對每一個人來說，等於只有2個變數：每月投入金額，

及退休前投資報酬率。

「可退休年齡彙總表」就是把這2個變數的退休年齡一次全部算出來，每一欄列出不同投資報酬率，從1.7%至10%，每一列則是每月投入金額，從5千元至7萬元。此表以顏色區分，愈近紅色的儲存格，表示可退休年齡愈長，愈近綠色則表示可退休年齡愈小。

使用者只需要輸入目前年齡及已累積金額，表格立即可計算。例如目前年齡30歲，沒有累積任何退休金，已累積金額輸入0，若投資報酬率為9.5%，每月投入金額1萬元整，那麼從彙總表就可以知道，最早退休年齡是60歲；如果每月投入金額提升至2萬元，最早退休年齡就是53歲。

對只會將錢放銀行定存的人，投資報酬率就只能選1.7%那一欄，若每月投入1萬元，得等到90歲才有辦法退休喔！如果想提早至60歲退

可退休年齡彙總表區

可退休年齡彙總表(目前年齡：30，已累積金額：0萬元)

投入金額／月	1.7%	4.0%	4.5%	5.0%	5.5%	6.0%	6.5%	7.0%	7.5%	8.0%	8.5%	9.0%	9.5%	10.0%
5,000	96	89	87	84	82	80	78	76	74	72	71	69	68	66
10,000	90	79	77	74	72	70	68	67	65	64	62	61	60	59
15,000	84	72	70	67	66	64	62	61	60	59	58	57	56	55
20,000	79	66	64	62	61	59	58	57	56	55	54	53	53	52
25,000	73	62	60	59	57	56	55	54	53	52	52	51	50	50
30,000	68	58	57	56	54	53	53	52	51	50	50	49	49	48
35,000	63	55	54	53	52	51	51	50	49	49	48	48	47	47
40,000	60	53	52	51	50	50	49	48	48	47	47	46	46	46
45,000	57	51	50	49	49	48	47	47	46	46	46	45	45	45
50,000	54	49	49	48	47	47	46	46	45	45	44	44	44	44
55,000	52	48	47	47	46	46	45	45	44	44	44	43	43	43
60,000	50	47	46	46	45	45	44	44	44	43	43	43	42	42
65,000	49	46	45	45	44	44	44	43	43	43	42	42	42	42
70,000	47	45	44	44	43	43	43	43	42	42	42	42	41	41

資料來源：怪老子

休，從彙總表可以看到，每月投入得有4萬元才行。可見投資報酬率對退休金影響有多大。

再舉一個我自己的例子，我是從40歲才開始投資理財，當時已累積300萬元，投資報酬率以9.5%那一欄來看，若50歲就要退休，每月必須投入4萬元才足夠；當時每月投入4萬元，對我來說不是太困難。而試算結果顯示，50歲退休時，退休金需求約1,453萬元，累積退休金則為1,522萬元。

退休金規劃 Excel 試算—以怪老子為例

可退休年齡彙總表(目前年齡：40，已累積金額：300萬元)

投入金額/月	1.7%	4.0%	4.5%	5.0%	5.5%	6.0%	6.5%	7.0%	7.5%	8.0%	8.5%	9.0%	9.5%	10.0%
5,000	89	75	72	69	67	65	64	62	61	60	59	58	57	56
10,000	84	70	68	65	64	62	61	60	59	58	57	56	55	55
15,000	79	66	64	62	61	60	59	58	57	56	55	55	54	53
20,000	74	63	61	60	59	58	57	56	55	55	54	53	53	53
25,000	69	61	59	58	57	56	55	55	54	54	53	53	52	52
30,000	66	59	57	57	56	55	54	54	53	53	52	52	51	51
35,000	63	57	56	55	54	54	53	53	52	52	51	51	51	50
40,000	61	55	55	54	53	53	52	52	51	51	51	50	50	50
45,000	59	54	54	53	53	52	52	51	51	50	50	50	50	49
50,000	57	53	53	52	52	51	51	51	50	50	50	49	49	49
55,000	56	52	52	51	51	51	50	50	50	49	49	49	49	48
60,000	54	52	51	51	50	50	50	49	49	49	49	49	48	48
65,000	53	51	51	50	50	50	49	49	49	49	48	48	48	48
70,000	52	50	50	50	49	49	49	49	48	48	48	48	48	47

累積退休金變數

目前年齡	40
已累積金額 (萬元)	300
每月投入 (元)	40,000
退休前投資報酬率	9.50%

退休金需求變數

通貨膨脹率	1.50%
退休年生活費	600,000
退休後投資報酬率	6.00%

試算結果

可退休年齡	50
累積退休金額	1,522萬元
退休金需求	1,453萬元

資料來源：怪老子

◥ 提早退休3要素：期待、口袋、投報帶

　　這個Excel試算表讓我們看到自己幾歲可以退休，退休時需要多少金額，投資報酬率要維持多少，以及每月應投入多少金額，一切都在規劃之內清清楚楚。當然，最重要的是到底要投資什麼，該如何操作，才能獲得規劃中的投資報酬率。

　　試算表有2個投資報酬率，退休前及退休後，退休後的投資報酬率比較低，退休前投資報酬率比較高。很多人會問，投資報酬率不是愈高愈好嗎？如果退休前可以獲得9.5%的投資報酬率，為何退休後不能用同樣9.5%的報酬率，而要採用較低的6%報酬率。

　　這是因為報酬率愈高，波動風險愈大，退休前有薪資收入，投資目標是快速累積資產，可承擔的風險比較大，設定的報酬率可以較高。但退休後得全部依賴投資收入，可承擔風險較低，必須靠降低報酬率來減少整體資產波動。

　　而從以上試算分析，可以看出何時能退休，由許多變數決定。退休後期望每年生活費愈低，當然也就可以愈早退休；目前累積的退休金愈多，及每月可投入金額愈多，也有助於提早退休。另外，更關鍵的就是投資報酬率，在相同風險下，有能力獲得愈高的投資報酬率，當然愈能提早退休。至於如何獲得較高的投資報酬率？請繼續看下去喔！

PART II
勞保勞退疑問全解答

Chapter 03

勞保加勞退可以領多少

退休金2支柱 養老有底氣

重點摘要

░░ 1. 認識退休金3層次

░░ 2. 老年給付該選一次請領還是年金

░░ 3. 年金打折 vs. 一次請領自行投資大 PK

░░ 4. 勞退自提2大好處

實戰試算

░░ 1. 上網查詢勞保老年給付領多少

░░ 2. 上網試算勞退可月領多少

░░ 3. 試算一次請領後靠自己投資是否可行

很多人以為沒有3,000、5,000萬元不能退休，其實真正的退休金需求，遠比想像中來得少，因為許多人忽略了既有的社會保險及職業保險。

　　退休金來源有3大支柱，也可以看成3個層次，最底層為社會保險，中間層為職業保險，最上層才是自行準備的退休金。自行籌措退休金的投資理財只是其中之一，善用另外2大支柱，可以讓自己少準備超過1,000萬元的退休金，上班族是不是覺得頓時輕鬆許多！你會很訝異，就算現在僅40歲，未來打算65歲退休，竟然只需準備600萬元，就足以過上不錯的退休生活。

退休金來源3層次

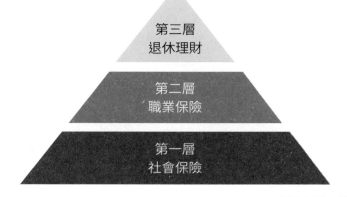

資料來源：怪老子整理

認識退休金3層次

先看最底層的社會保險，應該是每一個人都擁有的，包括國民年金、公教人員保險、勞工保險以及軍人保險等。以一般上班族來說，退休時會有勞保老年年金，即便沒有就業，也有國民年金。

至於第二層的職業保險，是經常被大家與勞保老年年金搞錯的勞工退休金制度，也就是我們常聽到的勞退。第三層才是需要自行籌措的部位，可以扣除第一、二層的既有保障，補足缺額即可。很多人擔心勞保老年年金破產，這樣還能依靠嗎？其實並沒有那麼悲觀。

第一層的社會保險中，以勞工人數最多，而勞工保險提供的是老年給付，如果民國98 (2009) 年度以前就有勞保年資，可以一次請領，也可以請領老年年金。想知道退休時勞保老年年金能領多少，可以到勞工保險局網頁試算。例如，小明73年次，預計65歲退休，勞保保險年資40年，最高60個月的平均投保薪資4萬5,800元（投保薪資有上限，非實際薪資），輸入相關資料，馬上可以知道未來每個月可以領到勞保老年年金2萬8,396元。

第二層的職業保險，就是勞工退休金制度，簡稱勞退。有新、舊制之分，但多數人適用勞退新制。勞工退休金及勞保老年給付是兩回事，是不同的退休金來源，不要弄混了。

早期勞工除了勞工保險之外，個別企業也會替員工籌措退休金，只是規模較大的企業才擁有這項福利，小企業通常不會提供，且最大的缺點是，一旦離職，這筆退休金就拿不到了。

政府為了讓勞工都能領到退休金，勞動部因此於民國94(2005)年，制定了勞工退休金新制，明定業主每月必須提撥退休金給雇員，金額不得低於薪資的6%，勞工也可以自行加碼，最高提撥金額為薪資的6%。業主及個人提撥的退休金都會存入「個人退休金專戶」，由勞動部勞動

勞保老年年金給付試算

出生年度：

73

年齡

幾歲：

65

幾個月：

0

最高60個月之平均投保薪資：

45800

參加保險年資：

幾年：

40

幾個月：

0

(保險年資滿15年以上，始可請領年金給付)

試算結果

可請領老年年金給付(以下兩式擇優發給，請參考)：

第一式計算金額(元)：

17198

第二式計算金額(元)：

28396

掃描QR Code
進入勞動部勞
工保險局網站

資料來源：勞動部勞工保險局

基金運用局負責投資運用，運用收益則由勞保局辦理分配至勞退新制個人專戶。而自2005年7月到職的勞工，一律適用勞退新制，在此之前到職的，可以選擇適用新制或舊制。

從相關規定看，可以知道退休時，究竟勞退新制退休金能領到多少金額，跟自己的薪資及是否自行提撥有很大關係。我都會建議上班族應

自行提撥薪資的6%，因為節稅效益大。

同樣以小明的條件，目前薪資4萬5,800元，退休金帳戶投資報酬率3%，薪資成長率1%，工作年資40年，沒有自提、退休金提繳率6%是雇主提撥，65歲退休時，預估可累積退休金收益302萬9,229元，每月可

勞工個人退休金（勞退新制）試算

○ 目前工資與退休金提繳率

- 個人目前工資（月）　　　　　45800　✓　元

- 退休金提繳率（月）　　　　　6　✓　%

❶ 預估條件

- 預估個人退休金投資報酬率（年）　3　✓　%

- 預估個人工資成長率（年）　　　1　✓　%

- 預估選擇新制後之工作年資　　　40　✓　年

- 預估平均餘命　　　　　　　　　19　✓　年

預估試算結果

○ 試算結果

- 預估可累計退休金及收益　　　　　3,029,229元

- 預估每月可領月退休金　　　　　　17,403元

- 預估每月可領月退休金額佔最後三年平均薪資比例（所得替代率）　　26.03%

掃描QR Code
進入勞動部
網站

領退休金1萬7,403元。

　　小明有了勞保老年年金，以及勞退新制退休金的加持，個人投資的退休金準備只要補足差額即可。例如小明退休後，希望每月有6萬元的生活費，扣除勞保老年年金每月2萬8,396元，以及勞退新制每月1萬7,403元，每月缺額只剩1萬4,201元。

　　以這樣的生活費缺額估算，每年生活費需求為17萬412元（14,201元×12個月），設定通貨膨脹率每年1.5%，投資報酬率為5%，且65歲退休後能夠用到100歲的話，用怪老子理財網站的「退休金需求線上試算」，可以得到小明所需退休金總額是355萬元，這金額是不是看起來親民多了，真的讓人鬆了一大口氣。

退休金試算：有勞保勞退需準備的退休金

每年生活費（現值）	17.0412 萬元
幾年後開始退休	0 年
每年生活費（退休第1年）	170,412元
通貨膨漲率	1.5% ∨
預定報酬率	5.00 %
實際報酬率	5.0 %; 標準差 5.0 %
需求年數	35 年
退休金	355萬元
提領率	4.8%

規劃試算　模擬(年金固定提領)　模擬(年金動態提領)

掃描QR Code
進入試算網站

資料來源：怪老子理財網站

　　相對來說，小明假若沒有把勞保及勞退納入考量，退休後每月生活費需求一樣是6萬元，一年就是72萬元，同樣的條件，退休金需準備1,501萬元，兩者差距超過1,000萬元，差異非常大呀！

退休金試算：沒有勞保勞退需準備的退休金

每年生活費（現值）	72 萬元
幾年後開始退休	0 年
每年生活費（退休第1年）	720,000元
通貨膨漲率	1.5% ∨
預定報酬率	5.00 %
實際報酬率	5.0 %; 標準差 5.0 %
需求年數	35 年
退休金	1,501萬元
提領率	4.8%

規劃試算　模擬(年金固定提領)　模擬(年金動態提領)

資料來源：怪老子理財網站

　　以我自己為例，60歲退休時勞保老年年金每月領多少錢已經忘記了，目前每月是領2萬4,469元，這是經過通膨調整後的金額。至於勞退這部分，我沒有年金可領，因為我是2007年退休，當時勞退新制僅實施2年，我只能夠選擇一次領。

　　但光是勞保老年年金，12個月我就可以領到29萬3,628元。同樣用「退休金需求線上試算」，如果這筆29萬元多的年生活費要自己準備，表示退休前我需要攢好612萬元。但因為勞保老年年金幫我負擔這部分，所以原先自己要準備的退休金就少了612萬元。從這些例子可以看出，勞保老年年金及勞工退休金有多重要了。

老年給付該選一次請領還是年金？

　　接著來看看，勞保老年給付該選擇老年年金、還是一次請領？民國98年（2009）以前就有勞保年資者，可以選擇老年年金或一次請領。98年以後才第一次加保者，沒有這個困擾，只有老年年金可選。我自己是可以選擇老年年金或一次請領，但我仍然選擇老年年金，道理很簡單，

比起一次請領優渥太多了。

還是以小明為例，勞保年資40年，最高60個月平均投保薪資4萬5,800元，每月勞保老年年金2萬8,396元；相對來說，一次請領老年幾付，最高給付45個月，若退休前3年的平均投保薪資一樣是4萬5,800元，一次請領金額就是206萬1,000元（=45,800×45）。

一次請領拿到206萬1,000元，選擇老年年金每月領2萬8,396元，選哪一種划算呢？政府的宣導並沒有錯，選擇老年年金比較划算，因為只要領取老年年金6年，累積金額就相當於一次請領的金額。

勞保老年給付試算

年資	40
月投保薪資	45,800
年金打折	1.00
一次領金額	2,061.000
實領年金	28,396
一次領年資	45
最低報酬率	16.9%
等值年數	6.0

掃描QR Code
進入勞保老年
給付試算

可是，怎麼還是有許多人選擇一次請領呢？兩個主要理由，一是自認很會投資，覺得拿一次請領的錢去市場操作，獲利會大於未來領取的老年年金數額。另一則是擔心勞保會破產，先全部領出來，免得以後領不到。

一次請領拿去投資，報酬率要多少才會勝過老年年金？我將此報酬率稱為最低報酬率。只要用Excel的RATE函數就可以算出。

公式：=(1+RATE(19*12,老年年金,-一次領金額))^12-1

　　這公式假設65歲的平均餘命為19年，所以老年年金可以領19年，一次請領金額投資後，本金及獲利金額必須大於領取年金19年的金額。一樣用小明為例，算出來的最低報酬率是16.9%。

公式：=(1+RATE(19*12,28396,-2061000))^12-1

　　簡單說，這答案是在告訴我們，除非有能力每一年創造高於16.9%的報酬率，一次請領才划算，但只能說這門檻太太太高了。

　　我另外也做了一個試算明細，每月的餘額是上一期餘額加上當月獲利後，再扣除每月提出的金額，一開始的餘額是一次領的金額206萬1,000元，然後每個月都可以提出每月年金2萬8,396元，19年總共228個月，提出總金額647萬4,288元，年報酬率16.9%，月報酬率1.306%，每月獲利金額是前一個月的餘額乘上月報酬率。

　　可以看到餘額一路下降，直到第19年底也就是228個月，才會變成0。如果報酬率低於16.9%，在228個月之前，餘額就會小於0。意思就是，如果年報酬率不到16.9%，產生的獲利會不夠提出647萬4,288元。總之，選擇老年年金真的比較划算。

月數	年度	獲利	提出	餘額
0				2,061,000
1	1	26,923	28,396	2,059,527
2	1	26,904	28,396	2,058,035
3	1	26,885	28,396	2,056,524
4	1	26,865	28,396	2,054,993
5	1	26,845	28,396	2,053,441
6	1	26,825	28,396	2,051,870
7	1	26,804	28,396	2,050,278
8	1	26,783	28,396	2,048,665
9	1	26,762	28,396	2,047,031
10	1	26,741	28,396	2,045,376
11	1	26,719	28,396	2,043,699
12	1	26,697	28,396	2,042,000
13	2	26,675	28,396	2,040,279
14	2	26,653	28,396	2,038,536
15	2	26,630	28,396	2,036,770
16	2	26,607	28,396	2,034,981
17	2	26,583	28,396	2,033,168
18	2	26,560	28,396	2,031,332
19	2	26,536	28,396	2,029,471
20	2	26,511	28,396	2,027,587
21	2	26,487	28,396	2,025,678
22	2	26,462	28,396	2,023,743
23	2	26,437	28,396	2,021,784
24	2	26,411	28,396	2,019,799
25	3	26,385	28,396	2,017,788
26	3	26,359	28,396	2,015,751
27	3	26,332	28,396	2,013,687
28	3	26,305	28,396	2,011,596
29	3	26,278	28,396	2,009,478
30	3	26,250	28,396	2,007,332
31	3	26,222	28,396	2,005,158
32	3	26,194	28,396	2,002,956
33	3	26,165	28,396	2,000,725
34	3	26,136	28,396	1,998,465
35	3	26,106	28,396	1,996,175
36	3	26,076	28,396	1,993,856
37	4	26,046	28,396	1,991,506

月數	年度	獲利	提出	餘額
38	4	26,015	28,396	1,989,125
39	4	25,984	28,396	1,986,714
40	4	25,953	28,396	1,984,271
41	4	25,921	28,396	1,981,796
42	4	25,889	28,396	1,979,288
43	4	25,856	28,396	1,976,748
44	4	25,823	28,396	1,974,175
45	4	25,789	28,396	1,971,568
46	4	25,755	28,396	1,968,927
47	4	25,720	28,396	1,966,251
48	4	25,686	28,396	1,963,541
49	5	25,650	28,396	1,960,795
50	5	25,614	28,396	1,958,013
51	5	25,578	28,396	1,955,195
52	5	25,541	28,396	1,952,340
53	5	25,504	28,396	1,949,448
54	5	25,466	28,396	1,946,518
55	5	25,428	28,396	1,943,550
56	5	25,389	28,396	1,940,543
57	5	25,350	28,396	1,937,496
58	5	25,310	28,396	1,934,410
59	5	25,270	28,396	1,931,284
60	5	25,229	28,396	1,928,117
61	6	25,187	28,396	1,924,908
62	6	25,145	28,396	1,921,658
63	6	25,103	28,396	1,918,365
64	6	25,060	28,396	1,915,029
65	6	25,016	28,396	1,911,649
66	6	24,972	28,396	1,908,225
67	6	24,928	28,396	1,904,757
68	6	24,882	28,396	1,901,243
69	6	24,836	28,396	1,897,683
70	6	24,790	28,396	1,894,077
71	6	24,743	28,396	1,890,424
72	6	24,695	28,396	1,886,723
73	7	24,647	28,396	1,882,973
74	7	24,598	28,396	1,879,175
75	7	24,548	28,396	1,875,327

月數	年度	獲利	提出	餘額
76	7	24,498	28,396	1,871,429
77	7	24,447	28,396	1,867,480
78	7	24,395	28,396	1,863,479
79	7	24,343	28,396	1,859,426
80	7	24,290	28,396	1,855,320
81	7	24,236	28,396	1,851,161
82	7	24,182	28,396	1,846,947
83	7	24,127	28,396	1,842,678
84	7	24,071	28,396	1,838,353
85	8	24,015	28,396	1,833,972
86	8	23,958	28,396	1,829,533
87	8	23,900	28,396	1,825,037
88	8	23,841	28,396	1,820,482
89	8	23,781	28,396	1,815,867
90	8	23,721	28,396	1,811,192
91	8	23,660	28,396	1,806,456
92	8	23,598	28,396	1,801,658
93	8	23,535	28,396	1,796,798
94	8	23,472	28,396	1,791,873
95	8	23,408	28,396	1,786,885
96	8	23,342	28,396	1,781,832
97	9	23,276	28,396	1,776,712
98	9	23,210	28,396	1,771,526
99	9	23,142	28,396	1,766,271
100	9	23,073	28,396	1,760,948
101	9	23,004	28,396	1,755,556
102	9	22,933	28,396	1,750,093
103	9	22,862	28,396	1,744,559
104	9	22,790	28,396	1,738,953
105	9	22,716	28,396	1,733,273
106	9	22,642	28,396	1,727,519
107	9	22,567	28,396	1,721,690
108	9	22,491	28,396	1,715,785
109	10	22,414	28,396	1,709,802
110	10	22,335	28,396	1,703,742
111	10	22,256	28,396	1,697,602
112	10	22,176	28,396	1,691,382
113	10	22,095	28,396	1,685,081

月數	年度	獲利	提出	餘額
114	10	22,013	28,396	1,678,698
115	10	21,929	28,396	1,672,231
116	10	21,845	28,396	1,665,680
117	10	21,759	28,396	1,659,043
118	10	21,672	28,396	1,652,319
119	10	21,585	28,396	1,645,508
120	10	21,496	28,396	1,638,607
121	11	21,405	28,396	1,631,617
122	11	21,314	28,396	1,624,535
123	11	21,222	28,396	1,617,361
124	11	21,128	28,396	1,610,092
125	11	21,033	28,396	1,602,729
126	11	20,937	28,396	1,595,270
127	11	20,839	28,396	1,587,714
128	11	20,741	28,396	1,580,058
129	11	20,641	28,396	1,572,303
130	11	20,539	28,396	1,564,446
131	11	20,437	28,396	1,556,487
132	11	20,333	28,396	1,548,423
133	12	20,227	28,396	1,540,255
134	12	20,121	28,396	1,531,979
135	12	20,013	28,396	1,523,596
136	12	19,903	28,396	1,515,103
137	12	19,792	28,396	1,506,499
138	12	19,680	28,396	1,497,783
139	12	19,566	28,396	1,488,953
140	12	19,450	28,396	1,480,007
141	12	19,334	28,396	1,470,945
142	12	19,215	28,396	1,461,764
143	12	19,095	28,396	1,452,463
144	12	18,974	28,396	1,443,041
145	13	18,851	28,396	1,433,496
146	13	18,726	28,396	1,423,826
147	13	18,600	28,396	1,414,030
148	13	18,472	28,396	1,404,106
149	13	18,342	28,396	1,394,052
150	13	18,211	28,396	1,383,866
151	13	18,078	28,396	1,373,548

月數	年度	獲利	提出	餘額
152	13	17,943	28,396	1,363,095
153	13	17,806	28,396	1,352,505
154	13	17,668	28,396	1,341,778
155	13	17,528	28,396	1,330,909
156	13	17,386	28,396	1,319,899
157	14	17,242	28,396	1,308,746
158	14	17,096	28,396	1,297,446
159	14	16,949	28,396	1,285,999
160	14	16,799	28,396	1,274,402
161	14	16,648	28,396	1,262,654
162	14	16,494	28,396	1,250,752
163	14	16,339	28,396	1,238,695
164	14	16,181	28,396	1,226,480
165	14	16,022	28,396	1,214,106
166	14	15,860	28,396	1,201,570
167	14	15,696	28,396	1,188,870
168	14	15,530	28,396	1,176,005
169	15	15,362	28,396	1,162,971
170	15	15,192	28,396	1,149,767
171	15	15,020	28,396	1,136,391
172	15	14,845	28,396	1,122,840
173	15	14,668	28,396	1,109,112
174	15	14,489	28,396	1,095,204
175	15	14,307	28,396	1,081,115
176	15	14,123	28,396	1,066,842
177	15	13,936	28,396	1,052,382
178	15	13,747	28,396	1,037,734
179	15	13,556	28,396	1,022,894
180	15	13,362	28,396	1,007,860
181	16	13,166	28,396	992,630
182	16	12,967	28,396	977,201
183	16	12,765	28,396	961,571
184	16	12,561	28,396	945,736
185	16	12,354	28,396	929,694
186	16	12,145	28,396	913,443
187	16	11,932	28,396	896,979
188	16	11,717	28,396	880,301
189	16	11,500	28,396	863,404

月數	年度	獲利	提出	餘額
190	16	11,279	28,396	846,287
191	16	11,055	28,396	828,946
192	16	10,829	28,396	811,379
193	17	10,599	28,396	793,582
194	17	10,367	28,396	775,553
195	17	10,131	28,396	757,288
196	17	9,893	28,396	738,785
197	17	9,651	28,396	720,040
198	17	9,406	28,396	701,050
199	17	9,158	28,396	681,812
200	17	8,907	28,396	662,322
201	17	8,652	28,396	642,578
202	17	8,394	28,396	622,577
203	17	8,133	28,396	602,313
204	17	7,868	28,396	581,785
205	18	7,600	28,396	560,989
206	18	7,328	28,396	539,922
207	18	7,053	28,396	518,579
208	18	6,774	28,396	496,957
209	18	6,492	28,396	475,053
210	18	6,206	28,396	452,863
211	18	5,916	28,396	430,383
212	18	5,622	28,396	407,609
213	18	5,325	28,396	384,537
214	18	5,023	28,396	361,165
215	18	4,718	28,396	337,487
216	18	4,409	28,396	313,499
217	19	4,095	28,396	289,199
218	19	3,778	28,396	264,581
219	19	3,456	28,396	239,641
220	19	3,130	28,396	214,375
221	19	2,800	28,396	188,780
222	19	2,466	28,396	162,850
223	19	2,127	28,396	136,581
224	19	1,784	28,396	109,969
225	19	1,437	28,396	83,010
226	19	1,084	28,396	55,698
227	19	728	28,396	28,030
228	19	366	28,396	0

資料來源：怪老子

▨ 年金打折 vs. 一次請領自行投資大 PK

接著來談一下，勞保老年年金破產的問題，我個人認為破產應不至於，對社會衝擊太大了。更何況要防止勞保破產，只要老年年金打折就可以，沒有理由搞到破產。

我做了一個表格，分析年金打折後會出現什麼結果。還是以小明為例，第1欄「年金打折比率」，第2欄「老年年金」，列出打折後每月領到的金額，第3欄「平衡年數」，是每月領到的年金、累計幾年之後，會等同一次請領的金額，平衡年數愈少，老年年金愈有利。最後一欄「最低報酬率」是一次請領拿去投資，需要多少投資報酬率才能打敗老年年

勞保老年年金打折的影響

年金打折比率	老年年金	平衡年數	最低報酬率
100%	28,396	6.0	16.9%
95%	26,976	6.4	15.8%
90%	25,556	6.7	14.7%
85%	24,137	7.1	13.6%
80%	22,717	7.6	12.5%
75%	21,297	8.1	11.3%
70%	19,877	8.6	10.2%
65%	18,457	9.3	9.0%
60%	17,038	10.1	7.8%
55%	15,618	11.0	6.6%
50%	14,198	12.1	5.3%

資料來源：怪老子

金，該報酬率愈高，一次請領愈不利。

如果沒有打折，小明每月老年年金2萬8,396元，一次請領206萬1,000元，平衡年數只要6年，最低報酬率卻高達16.9%，很顯然的領取老年年金才划算。即便老年年金打7折，每月只剩1萬9,877元，平衡年數也只不過8.6年，但最低報酬率也要10.2%。大家可以評估看看，自己投資是否能達成表格所列最低報酬率的成績？

而最糟糕的情況是，老年年金對半砍只剩下50%，平衡年數也不過是12.1年，還低於平均餘命的19年，最低報酬率仍要5.3%，要達到這個目標，雖不算太困難，但也不是那麼容易。結論很簡單，未來老年年金即便打了5折，我認為還是領老年年金有利。

勞退自提2大好處

至於勞退新制的業務雖然也是勞保局辦理，但不會受到勞保老年年金破產的影響，因為個人退休金專戶是獨立的，沒有破產問題。退休金專戶是由勞保局代為操作，每年收益率會不一樣，但有最低保證收益，就是銀行2年定期存款利率。

圖為勞退新制從2005年至2024年6月年度末的收益率及保證收益率，可以看出將近20年的期間，只有5個年度出現虧損，8個年度收益率小於保證收益率，其餘年度都高於保證收益率。平均起來，實際收益率為4%，保證收益率1.4%。實際收益率雖不是很漂亮，但長時間可以保持這樣的績效也還不錯。

重點是，勞退新制個人提撥的退休金，不用計入個人綜合所得，這代表所得稅率愈高的人，節稅效果愈好。所以，我非常鼓勵個人也提撥退休金，雖然平均收益率不是特別好，但可以強迫儲蓄，再加上節稅效果，大大提升有效收益率。

退休金專戶年度收益率及保證收益率

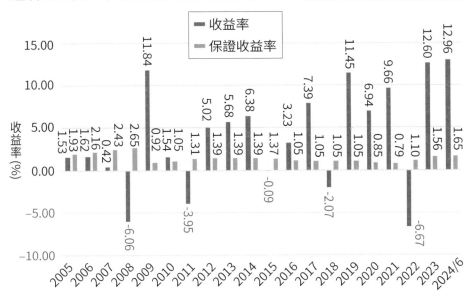

資料來源：怪老子整理

　　例如，上班族每月薪資12萬8,500元，一年就有154萬2,000元，6%自提是9萬2,520元。提撥了9萬2,520元，淨所得金額就減少9萬2,520元，以綜合所得稅率20%計算，等於可以少繳1萬8,504元。所得愈高的人，適用稅率愈高，自提優惠更高。簡單說，自行提撥是讓自己先賺到所得稅的稅率，實在是太好了。

　　總之，希望大家不要忽略社會保險及職業保險，更何況把這些都算進來，退休金準備就沒那麼可怕了。另外，也分析了勞保老年給付選擇老年年金較具有優勢的原因。最後，勞退新制的收益率雖然不是很亮眼，但考量節稅效益，建議大家還是乖乖自提！當然最重要的是，想辦法提升自己的投資理財能力，累積更多的退休金，讓退休生活更安心之外，退休品質也可以更好。

Chapter 04

勞保老年年金該不該提前領
答案藏在平均餘命與超車年齡

重點摘要

▨ 1. 勞保老年給付3種方式

▨ 2. 提早請領 vs. 延後請領比拚

▨ 3. 從平均餘命證明愈早請領愈划算

實戰試算

▨ 1. 年金給付提早領與正常領累積金額試算

▨ 2. 一表看懂為何愈早請領年金愈有利

許多人對勞保的老年年金給付，總存有個疑問，那就是該提早請領、法定年齡請領、還是延後請領比較好？討論這個問題之前，得先把勞保的老年給付弄清楚，畢竟老年年金給付不過是勞保老年給付的其中一種。

一圖看懂勞保老年給付

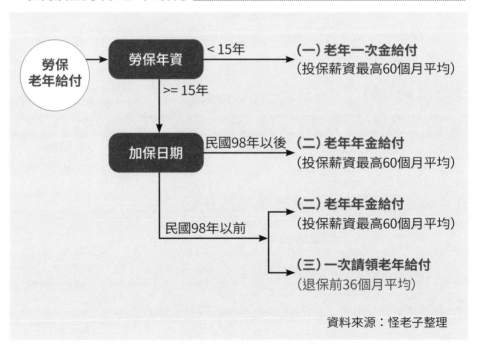

資料來源：怪老子整理

勞保老年給付3種方式

前一頁的圖解釋了勞保老年給付的請領資格，總共分成：老年一次金給付、老年年金給付及一次請領老年給付，而這3種給付方式跟勞保年資及加保日期有關。

只要請領時勞保年資小於15年，都只能請領「老年一次金給付」。若是勞保年資大於或等於15年，接著得再看第一次參加勞保的日期，若是在民國98（2009）年1月1日以後才加入勞保，就只能請領老年年金給付。若是在民國98年以前已加保的勞工，除了可選擇老年年金給付，也可以選擇一次請領老年給付。

而老年年金有法定請領年齡的規定，落在60歲至65歲之間，以出生年次為分界點，若是比民國46年次還要早出生、含46年次，法定請領年齡為60歲，47年次的法定請領年齡為61歲，依此類推，51年次以後、含51年次，法定請領年齡則為65歲。

退休是指不再工作，跟請領老年年金給付年齡可以不一樣，當然可

法定請領年齡

出生年次	46（含）年以前	47年	48年	49年	50年	51（含）年以後
法定請領年齡	60歲	61歲	62歲	63歲	64歲	65歲

資料來源：怪老子整理

年金給付提早請領與延後請領的差別

法定請領年齡
↓

| 60 | 61 | 62 | 63 | 64 | **65** | 66 | 67 | 68 | 69 | 70 |

減給年金給付每年少 4%　　展延年金給付每年增加 4%

資料來源：怪老子整理

以比較早不工作，之後再去請領老年年金給付。確定法定請領年齡之後，勞工還可以選擇提早或延後5年請領。

若法定請領年齡是65歲，最多可以提早5年請領，也就是60歲請領；只是每提早1年，每月請領的年金就會減少4%，若提早5年請領，每月年金會少20%，等於打八折的意思。同樣的，也可以比法定請領年齡晚領，最多可以延後5年，每延後1年，每月可領到的年金就多4%，延後5年則年金增加20%。

▧ 提早請領 vs. 延後請領比拚

想要知道老年年金該提早請領還是延後請領，只要看每年累積領到的年金就知道了。若是提早請領，雖然每月領到的年金會被打折，但是可以提早享受老年年金的福利；相對來說，在法定年齡正常請領或者延後請領，每月可以領到的年金雖然比較多，但是得延後享用老年年金。

那麼，究竟哪種請領方式最佳？其實只要較早請領的一方，到了幾歲累積領到的年金，會被較晚請領的一方追過，就可知道決勝點，而我稱這個年齡為「超車年齡」。

這就好像賽道上有兩輛車，A車跑得比較慢，B車跑得比較快，跑

如何判斷該提早領還是延後領？

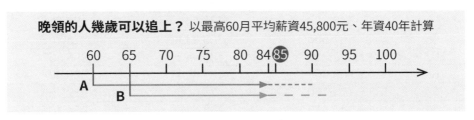

晚領的人幾歲可以追上？ 以最高60月平均薪資45,800元、年資40年計算

60　65　70　75　80　84 85　90　95　100

A
B

說明：A於60歲提早領年金，B於65歲法定年齡開始領年金，84歲時兩者請領總金額相同，自85歲起，B的請領金額開始大於A。

資料來源：怪老子整理

得比較慢的Ａ車先起跑，過一段時間後，跑得比較快的Ｂ車再出發，經過一段時間後，Ｂ車會超過Ａ車，這個時間點就是超車時間。

提早請領因為較早累積領到的年金，但是累積年金速度較慢，就好似Ａ車一樣，較晚請領就像是Ｂ車，累積年金速度雖較快，但是較晚起跑。我們只要判斷提早領的一方，到了幾歲累積的年金才會被超車、即「超車年齡」，再從超車年齡還活著的機率高低，就可判斷到底該提早領還是延後領。

要特別注意的是，在做比較時，較晚請領一方的年資並不會增加，也就是不會再工作了，只是請領老年年金的年齡延後而已，否則基礎會不一致。

老年年金給付提早領與正常領累積金額試算

最高60月平均薪資	45,800	預計請領年齡	60
年資	40	年金增減幅度	-20%
每月老年年金	28,396	**超車年齡**	**85**
法定請領年齡	65		

年齡	法定請領	預計請領	提早領差額
60	0	272,602	272,602
61	0	545,203	545,203
62	0	817,805	817,805
63	0	1,090,406	1,090,406
64	0	1,363,008	1,363,008
65	340,752	1,635,610	1,294,858
66	681,504	1,908,211	1,226,707
67	1,022,256	2,180,813	1,158,557
68	1,363,008	2,453,414	1,090,406
69	1,703,760	2,726,016	1,022,256
70	2,044,512	2,998,618	954,106
71	2,385,264	3,271,219	885,955
72	2,726,016	3,543,821	817,805

年齡	法定請領	預計請領	提早領差額
73	3,066,768	3,816,422	749,654
74	3,407,520	4,089,024	681,504
75	3,748,272	4,361,626	613,354
76	4,089,024	4,634,227	545,203
77	4,429,776	4,906,829	477,053
78	4,770,528	5,179,430	408,902
79	5,111,280	5,452,032	340,752
80	5,452,032	5,724,634	272,602
81	5,792,784	5,997,235	204,451
82	6,133,536	6,269,837	136,301
83	6,474,288	6,542,438	68,150
84	6,815,040	6,815,040	0
85	7,155,792	7,087,642	-68,150
86	7,496,544	7,360,243	-136,301
87	7,837,296	7,632,845	-204,451
88	8,178,048	7,905,446	-272,602
89	8,518,800	8,178,048	-340,752
90	8,859,552	8,450,650	-408,902

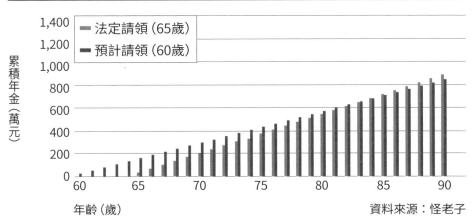

資料來源：怪老子

　　想要知道提早請領或延後請領哪個划算？只要試算一下就知道了。

表格以請領前最高60個月平均投保薪資4萬5,800元，以及年資40年，

法定請領年齡65歲，以及預計60歲請領為例。可以看到於60歲提前請

領，所以60歲至64歲即開始累積年金，到了64歲年底，累積年金已達
136萬3,008元。要是在法定請領年齡才請領，等於是65歲才開始累積
年金，但每月領到的年金較多，從「提早領差額」那一欄可以看出，差
額逐年減少，一直到出現負值時，就是試算表上的超車年齡85歲。

　　也就是說，60歲開始領打八折的減給老年年金，到了85歲時累積領
到的年金，才會被於65歲法定請領年齡開始領的累積年金追趕上，差額
68,150元。

　　試算表的結果同時用直條圖表示，藍色直條圖是法定請領年齡，
紅色直條圖是預計請領年齡，所以60到64歲藍色直條法定請領累積餘
額都是0，到了65歲才開始有累積餘額，因為每月領得較多，所以走的
比較陡峭。紅色直條圖是60歲請領，累積年金從60歲就開始往上走，
只是走得比較平坦，終究會被藍色直條圖趕上。而不論從明細表還是
直條圖上，都清楚可以看到，85歲被追趕上時，先前累積年金為681萬
5,040元。

　　所以，如果是我，一定選60歲就開始領，先領先享受，因為等到
85歲的時候，還不知道自己是否活著呢！

▨ 從平均餘命證明愈早請領愈划算

　　若把預計請領年齡改成61歲，超車年齡就會變為86歲；預計請領
年齡改成70歲，也就是展延5年請領，超車年齡則會變為95歲。是這樣
的結果，讓我沒有理由選擇展延老年年金。

　　我把請領年齡從60歲到70歲都試算一次，做了一個表格，超車年
齡最低85歲，此為60歲開始請領的結果，而85這個歲數已經超過男女
的平均壽命，所以這就表示愈早提領愈划算。

　　超車年齡跟最高平均薪資及年資並沒有關連，不論如何改變這些變

數，都不會影響超車年齡。只有預計請領年齡才跟超車年齡有關，而愈早請領，超車年齡也愈早。

提領年齡 vs. 超車年齡

	提領年齡	超車年齡
提早領	60	85
	61	86
	62	87
	63	88
	64	89
	65	NA
延後領	66	91
	67	92
	68	93
	69	94
	70	95

資料來源：怪老子

PART II

打造花不完的退休金

Chapter 05

退休金不縮水的關鍵
預估合理通膨及波動風險

重點摘要

░ 1. 預估合理的通膨數字

░ 2. 退休金如何不被通膨打敗

░ 3. 在報酬與風險中求平衡

實戰試算

░ 1. 一表看合理物價平均年成長率

░ 2. 如何用標準差量化投資風險

░ 3. 查找平均報酬率及標準差

大家應該都知道，退休金準備最怕發生什麼事？就是錢用完了，人還沒走。退休金會在身故前花光，主要有2個原因，一是錢準備不夠，另一就是錢縮水了。我們先來釐清，會讓退休金縮水的因素有哪些？可分為2部分，一是退休金拿去投資所造成的資產減損，另外就是通貨膨脹導致物價上漲，造成購買力縮水。

　　避免退休金資產縮水最好的方式，就是把錢放在銀行定存，我知道報酬率很低，但這樣一來，完全不用擔心會有虧損發生；但相對來說，年報酬率只有大約1.7%，想必大家都不太滿意。

　　要知道我們常說的投資報酬率，就是資金成長率，在這裡就是指退休金成長率。把錢放在銀行定存，雖然可以讓退休金以1.7%的成長率上升，但是當物價成長力道高過1.7%，就會造成可運用的退休金縮水。結果是，老本看似安好，其實購買力下降，也是一種縮水，讓人惶惶不安。

　　那麼，解決之道是什麼呢？當然就是讓退休金的投資報酬率，能夠高過通膨！只是別忘了投資鐵律：報酬率愈高，波動風險愈大。如何在報酬率及風險之間拿捏，永遠都是大家要重視的課題。

▒ 預估合理的通膨數字

　　想要打敗通貨膨脹，首先得知道長期平均通貨膨脹率是多少。退休

規劃所使用的通貨膨脹率，應該用一段長時間的平均值來估算，畢竟對多數人來說，想要開始規劃退休時，大概距離退休期間都在20年上下，顯然不能用最近1、2年的物價上漲，去推估未來20年的物價上漲率。

我很清楚很多人看到近年物價上漲的情況，會自行估算每年通貨膨脹率高掛在3～5%以上，但這些都是自己嚇自己。

通貨膨脹率未來是多少，其實沒有人知道。即便這樣，可以用過去的資訊當參考，而估算通貨膨脹率是一項專業，我們就讓專業的來，大家不需要揣測。

每年度消費者物價指數年增率

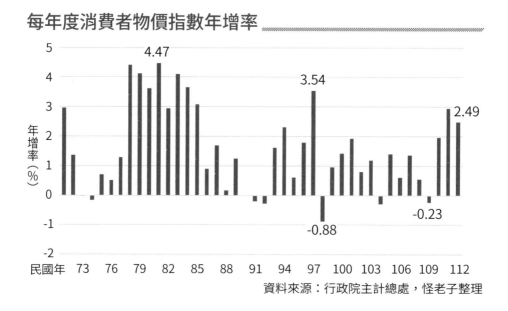

資料來源：行政院主計總處，怪老子整理

行政院主計總處網站上會公布每年度的消費者物價指數，英文簡稱CPI，我把每年度增加的比率，也就是年增率用直條圖畫出來，可以看到每一年度都不一樣，某些年度物價是呈現衰退的，某些年度卻是大幅度成長；面對這樣起落的情況，估算長期的通貨膨脹率，最簡單的方

式就是求取平均值。物價是複合成長，用幾何平均成長率來表示最為恰當，也就是一段期間的年化成長率。

CPI消費者物價指數

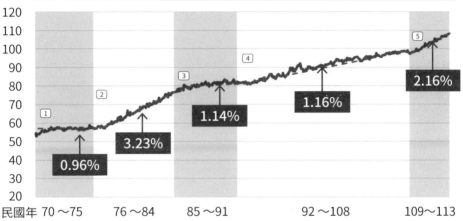

資料來源：行政院主計總處，怪老子整理

圖表是消費者物價指數CPI從民國70年至113年7月的走勢，可以看出長期趨勢往上，但並不是直線往上走，而是分成好幾個階段，有時候較為平坦，有時候較為陡峭。

紅色虛線是物價成長斜率，藍色方塊是該期間的年化通貨膨脹率，或者是該期間的物價成長率。民國70年至75年走勢較為平坦，年化成長率0.96％；民國76年至84年走勢就非常陡峭，年化成長率3.23％；民國85年至91年呈現微幅上揚，年化成長率1.14％。

來到民國92年至108年，上升的力道又稍微強了一些，年化成長率1.16％，但也還算溫和。民國109年到113年，也就是最近幾年，又以較陡峭的方式上揚，年化成長率2.16％。

若想知道未來20年，每年物價平均會成長多少百分比，可以用過去

10年及20年物價的平均年成長率作為參考。

下方表格是以民國113年7月為基準點,往前推5年、10年、15年,一直到民國70年1月的累積物價成長率,以及年化物價成長率。從年化物價成長率可以看出來,都落在1.20至1.82%之間,這也是我在試算退休金時,通貨膨脹率參數預設值設定在1.5%的原因。

累積及年化物價成長率一覽

至今年數	起始月分	物價指數	累積物價成長率	年化物價成長率
	113年7月	107.91		
5	108年7月	98.60	9.44%	1.82%
10	103年7月	95.22	13.33%	1.26%
15	98年7月	88.91	21.37%	1.30%
20	93年7月	83.63	29.03%	1.28%
25	88年7月	80.16	34.62%	1.20%
30	83年7月	73.65	46.52%	1.28%
35	78年7月	60.54	78.25%	1.67%
40	73年7月	57.28	88.39%	1.60%
43.58	70年1月	52.95	103.80%	1.65%

說明:以民國113年7月為基準點　　　　　　　　資料來源:怪老子整理

我還是得強調一下,這是從過去資料預估未來,而未來物價成長率是多少,沒有人會知道。所以所有的試算表,我都會把通貨膨脹率做成一個變數,讓使用者可以選擇用更高或更低的數值,看試算結果會有多大差異。

知道通貨膨脹每年會以多少百分比成長,就可以知道在規劃退休後每年的生活費用時,必須逐年增加才行,這樣購買力才不會降低,才能維持一定的生活水準。

當然退休金的投資報酬率，必須高過通貨膨脹率，投資報酬率愈高，愈能抵擋通貨膨脹所造成的購買力縮水。只是報酬率伴隨的就是波動風險，報酬率愈高風險愈大。也因此除了要考慮報酬率之外，也要考慮到風險，而退休金投資更需要在報酬與風險中求取平衡。

退休金如何不被通膨打敗

退休金要打敗通膨就必須投資，而投資必然得承擔風險，但如何讓投資風險降低呢？白話說就是降低投資虧損。許多人都知道如何計算報酬率，對風險卻只略知一二，這樣是沒辦法穩定獲利的。尤其是退休後沒有來自工作的穩定收入，生活開銷都依賴退休金及其產生的投資收益，對風險必須更加重視才行。接下來，就要來談談風險是什麼？如何量化投資風險？

元大台灣50（0050）雖一路往上但期間波動甚大

資料來源：晨星網站，2003/6/25～2024/8/22

上頁的圖表是元大台灣50 (0050)從成立日2003/6/25至2024/8/22的萬元績效走勢圖，也就是從成立日開始投資1萬元，且配息還原的淨值走勢。到了2024/8/22，淨值會成長至9萬6,210元，累積報酬率862.1%，年化報酬率11.3%，這樣的投資績效確實非常好。

過去21年雖然長期趨勢往上，但是一路走來並非那麼平坦，總是上上下下地波動，尤其2008年遇到金融海嘯，跌幅高達49%。2022年初，則因為高漲的通膨使得聯準會升息，加上歐洲出現地緣政治危機，俄羅斯正式對烏克蘭開戰，因此重跌32%。

若手上的退休金全數投資在0050，每年能有11.3%的報酬率當然很好，可是當遇到重大跌幅，看到退休金帳上價值只剩一半，未來的狀況又不明朗，心中必然產生恐慌，而這絕對不是退休族所樂見的事。

元大台灣50 (0050) 月報酬率及標準差

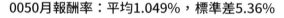

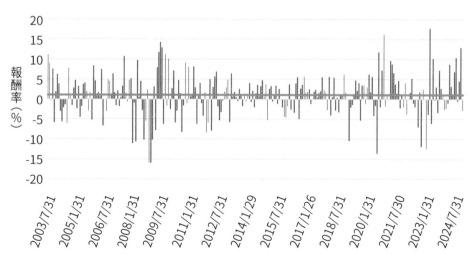

0050月報酬率：平均1.049%，標準差5.36%

資料來源：怪老子整理，2003/7/31～2024/7/31

所以，只知道0050的績效還不夠，還要能夠衡量波動大小才行，也就是用一個數值來描述波動。而投資學使用平均報酬率與標準差，來描述報酬與風險，平均報酬率愈高愈好，標準差則用來表示波動風險，數值愈高代表風險愈大。

　　衡量0050的風險，可以把0050從成立日至今的每一個月，都當作一期來看待，記錄月初至月底的報酬率，截至2024年7月底，可以得到254個月、各個月分的報酬率，左頁直條圖就列出了每一個月的報酬率，可以看出某些月分報酬較高，某些月分報酬較低。但整體來說，正報酬共有154個月，負報酬則有100個月，月平均報酬率為1.049%、標準差5.36%。其中標準差就是報酬率偏離平均報酬率的程度。

元大台灣50（0050）月報酬率機率分布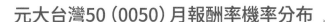

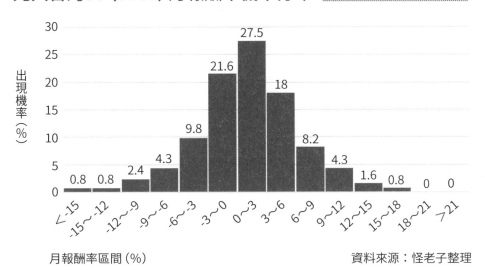

月報酬率區間(%)　　　　　　　　　　　　　　　　　資料來源：怪老子整理

　　如果把這些報酬率做成直方圖，會發現月報酬率出現的機率分布，近似常態分布。上圖的水平軸是月報酬率區間，每一直條圖是該區間出

現的機率。從此圖可以看出，月報酬率出現在0～3%的機率最大，占了27.5%，報酬率出現在-3～0%之間的機率21.6%，報酬率出現在3～6%之間的機率18%，平均值1.049%剛好就是位於直方圖中間的0～3%位置。而如果報酬率是隨機出現且是常態分布，那麼月報酬率出現在平均報酬率正負1個標準差的區間，機率為68%，出現在正負2個標準差的區間，機率為95%。

▨ 在報酬與風險中求平衡

0050月報酬率平均值為1.049%，標準差5.36%，正負1個標準差的區間就是-4.31～6.41%。負1個標準差區間的左邊界，是用月平均報酬率減掉1個標準差，即1.049%減掉5.36%，等於-4.31%。正1個標準差區間的右邊界，是平均值加上1個標準差，就是1.049%加上5.36%，等於6.41%。白話一點地解釋，有近7成的機會月報酬率會落在-4.31%與6.41%之間；另外，月報酬率出現在正負2個標準差的區間，也就是平均值加減2倍的標準差，即範圍在-9.67～11.77%之間出現的機率則為95%。

投資者習慣以年平均報酬率及年標準差表示，但我認為1年為1期的樣本數不夠多，所以用月報酬率的結果去推算年報酬率。公式如下：

年平均報酬率＝月報酬率 × 12
年標準差＝月標準差 × $\sqrt{12}$

推算出來0050的年平均報酬率為12.6%，年標準差為18.57%。也就是每年的報酬率若隨機出現，有68%機率會落在-6.0～31.2%間，有95%機率會落在-24.6～49.7%間。

接著看實際每一年報酬率會是如何。以每年初至年底為1期，算起

元大台灣50（0050）年報酬率

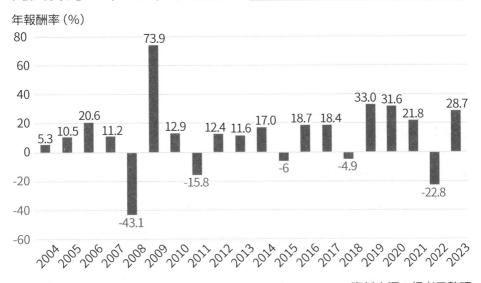

年報酬率（%）

資料來源：怪老子整理

來總共有20期。落在-6.0～31.2%之間的年數有13年，相當於65%的機率（＝13/20），跟用月報酬率估算的68%差不多。落在-24.6～49.7%的年數有18年，相當於有90%的出現機率（＝18/20）。

　　也就是說，下一年度的報酬率會是多少，雖然不知道，但掌握年平均報酬率12.6%，年標準差18.57%之後，就知道落點區間有95%的信心會落在-24.6～49.7%之間，只有很少的機率會小於-24.6%，以及很少的機率會大於49.7%。

　　以上分析主要是讓大家知道，0050這檔ETF的報酬率呈現常態分布。另外，也要讓大家知道，標準差數值愈小，落點範圍愈精準，愈靠近平均報酬率，資產波動愈小。反過來說，標準差數值愈大，落點範圍愈大，離平均報酬率愈遠，大起大落的情況較常出現。

　　所以，投資不能只看投資報酬率，還得看標準差，目的在於衡量波

動度,因為相信沒有人希望退休後的資產忽然大縮水,整天擔心受怕。

　　至於標準差如何計算?其實投資者並不需要自行敲計算機,因為提供ETF資訊的網站,幾乎都會顯示年化標準差供投資人參考,例如晨星

標準差如何找?以0050為例

Risk 3-Yr | 5-Yr | 10-Yr

Morningstar Risk & Return ⓘ

Risk vs. Category — Above Average
Low　Average　High

Return vs. Category — Above Average
Low　Average　High

Category: Taiwan Large-Cap Equity as of Jul 31, 2024 | Rankings are out of 81 investments.

Risk & Volatility Measures 風險及波動度評估

Trailing	Investment	Category	Index
Alpha	-0.58	-1.02	—
Beta	1.07	0.87	—
R2	99.02	79.22	—
Sharpe Ratio	0.63	0.55	0.66
Standard Deviation 標準差	21.70	20.17	20.17

TWD | Investment as of Jul 31, 2024 | Category: Taiwan Large-Cap Equity as of Jul 31, 2024 | Index: Morningstar Taiwan TME NR TWD as of Jul 31, 2024 | Calculation Benchmark: Morningstar Taiwan TME NR TWD

資料來源:晨星網站,2024/7/31

掃描 QR Code
進入晨星網站 (0050)

（Morningstar），以及MoneyDJ等網站，畢竟標準差是投資最重要的指標之一。

　　這裡示範一下如何尋找標準差？首先進入Google搜尋網頁，鍵入morningstar按查詢後，點選「歡迎來到晨星台灣」連結後，就會進入morningstar首頁，在左上角「搜尋網站內容」方框內，鍵入所要查詢的ETF代號如0050，稍待一會就會出現下拉選單，點選ETFs的0050，會顯示0050的資訊，再點選「風險」頁籤，在中間位置可以看到「風險及波動度評估」，可以看到標準差21.7%（截至時間不同，數字會變化）。這

TLT（iShares20年期以上美國公債ETF）績效走勢

累積報酬率：149.48%　　年化報酬率：4.22%

資料來源：晨星網站，2002/7/22～2024/8/23

掃描QR Code
進入晨星網站（TLT）

是最近3年的風險值，也可以查看最近5年及最近10年的風險值。

　　有了標準差的概念之後，再看看TLT（iShares20年期以上美國公債ETF）這檔20年以上美國公債，自2002/7/22成立至2024/8/23的績效走勢圖（上頁），也是一路往上，直到美國聯準會暴力升息，才從高點往下重跌。即便如此，成立至今累積報酬率仍然有149.48%，年化報酬率4.22%。

　　再從晨星網頁可以查詢到，TLT的標準差16.89%。顯然TLT跟0050相比，確實遜色許多，標準差只有少一點，但是平均報酬率卻落後很多。0050跟TLT若只能選一個，當然要選0050。不過，若是可以持有各半，組合起來的結果又會不一樣。

TLT標準差

Morningstar Risk & Return ⓘ

Risk vs. Category

Low	Below Avg.	Average	Above Avg.	High

Return vs. Category

Low	Below Avg.	Average	Above Avg.	High

Risk & Volatility Measures ⓘ

Capture Ratios	Investment	Category
Alpha	-2.69	-2.10
Beta	2.11	2.06
R^2	91.17	88.61
Sharpe Ratio	-0.90	-0.85
Standard Deviation	標準差 16.89	16.72

資料來源：晨星網站，2024/11/13

　　總結來說，如何避免退休金資產縮水，除了要知道通膨多少之外，也要選擇標準差愈小（波動愈小）的標的，這樣投資報酬率才會愈接近平均報酬率，績效走勢的波動就會愈小。至於如何找尋平均報酬率高、標準差小的投資組合，讓我們繼續看下去！

Chapter 06

存股必賺密技
ETF能確保源源不斷的現金流入

重點摘要

§ 1. 存股2.0一定賺的理由

§ 2. 買進持有不需要任何操作

§ 3. 市值型ETF勝過高股息ETF

實戰試算

§ 1. 0050與0056長期持有績效差異

§ 2. 0050前5大成分股近8年獲利與配息檢視

許多人誤以為投資股票，只有短線操作這個選項，除了要會選股，還得學會判斷買賣點，才有機會獲利。其實並非這樣，雖然短線技術分析也是投資的方式之一，但畢竟比較投機。更穩健的投資方式，就好像股神華倫巴菲特一樣，只要挑選好股票，買進並長期持有，雖然短期可能出現虧損，但隨著持有時間愈來愈長，虧損機會幾近於零。

這就是存股的概念，但是存股有個缺點，必須有能力在股票下跌以前換股，否則賺了股息卻賠了價差，最後還是會以虧損收場。

⧄ 存股2.0一定賺的理由

這裡要談的是存股2.0，也就是第二代的存股，標的換成股票型ETF，好處是不用自行挑選個股，也不用自行決定哪一支股票需要替換，專家都幫我們做好了！若以定期定額買進持有，連什麼時候進場的時間點都不用煩惱。

雖然很多人知道，目前最好的投資標的就是ETF，然而ETF有許多類型，該挑選哪一種類型比較好？也是一門學問。更重要的是，當遇到股市大空頭，若信心不足，就容易斷頭殺出以虧損收場，之前的獲利又全部吐出來了。

長期以來的投資經驗，讓我深刻了解到，投資必須要有信心，才能在詭譎多變的環境中創造出高額獲利。而信心來自於知識，只要你充分

理解存股2.0能獲利的道理，就能夠突破人類的貪婪與恐懼；在多數投資者恐慌時，勇敢地進入市場，在大家貪婪的時候，非常有信心地賣出手中持股。

投資其實是現金流的交換，開始投入一筆資金，也就是現金流出，交換的是所有未來的現金流入，只要未來的現金流入大於所投入的資金，就一定有獲利，只是程度之分而已，也就是投資報酬率多寡。

例如投資一項資產，不論是股票、債券或者是房地產，只要未來有源源不斷的收入，就幾乎能夠保證獲利。收入可以是股票的股息，債券的利息，也可以是房租收入，只要現金可以一直不間斷地流入，持續到永遠，那麼，用合理的價格買入，就有一定程度的報酬率。注意喔！這裡有一個關鍵詞：「持續到永遠」都有現金流入。

現金流量圖

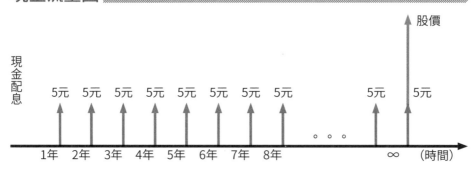

資料來源：怪老子

如果投資一檔股票，每年都可以收到5元的現金配息，且一直到永遠，最後再把股票賣出。不管最後股票用多少錢賣出，只要用10倍的本益比，也就是50元的價格買入，長期持有會虧錢嗎？當然不會，因為只要10年時間，本錢就可以全部拿回來，其他全部都是賺的；只是回本前

的10年時間，恐怕需要忍受價格上下波動而已。

但只要有源源不斷的股息，也不用擔心股價會大幅下跌，因為市場上會有人接手，撐住股價。我問過許多投資者，中華電（2412）的前景若是沒有改變，股價下跌至70元，會不會在這時買入？所有人的答案都是：一定會。原因很簡單，大家一致認為中華電的獲利非常穩定，是標準定存股，買了光靠配息就有不錯獲利。這說明了，只要未來獲利可以持續，股價就會得到支撐。

也可以這麼說，投資任何資產，只要有源源不斷的現金收入，長期績效走勢就會往上，否則這些現金都跑到哪裡去了呢？但有一點要特別注意，投資股票或股票型ETF，不能只看配息有多少，還得看是否有盈餘支撐，否則配出的息就是從本金拿出來的。

雖然前面說到年年有配息就能獲利，但是更精準的說法，應該是年年公司都有盈餘，最好是盈餘一年比一年還要多。因為只要公司有盈餘，配不配息並不重要，因為最終都會反映在股價上。

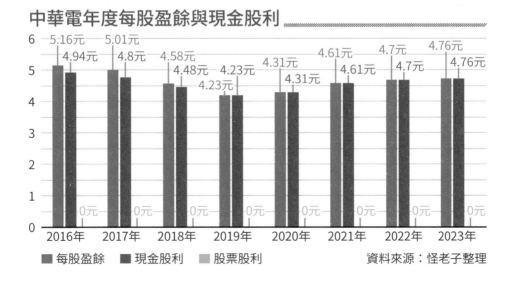

中華電年度每股盈餘與現金股利

	2016年	2017年	2018年	2019年	2020年	2021年	2022年	2023年
每股盈餘	5.16元	5.01元	4.58元	4.23元	4.31元	4.61元	4.7元	4.76元
現金股利	4.94元	4.8元	4.48元	4.23元	4.31元	4.61元	4.7元	4.76元
股票股利	0元	0元	0元	0元	0元	0元	0元	0元

■ 每股盈餘　■ 現金股利　■ 股票股利　　　　　資料來源：怪老子整理

　　現在就以中華電為例進一步說明，上頁圖表為中華電最近8年的每股盈餘以及現金股利，藍色長條圖為每股盈餘（EPS），紅色長條圖為現金股利，可以看到2019年以前，藍色長條圖EPS都比紅色現金股利多一點點；而2019到2023年，每年EPS則都等於現金股利，也就是每年的獲利，都大於或等於配發出來的現金股利。這是典型高股息個股會有的樣貌。

華新年度每股盈餘與現金股利

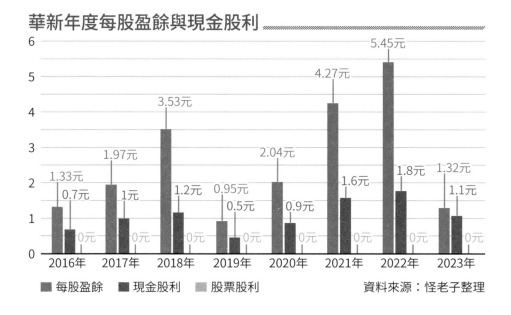

圖例：■ 每股盈餘　　■ 現金股利　　■ 股票股利　　　　資料來源：怪老子整理

　　接著，再看看華新（1605）這一檔股票，是元大0056成分股之一（2024/9/27），屬於高股息成分股，最近8年的每股盈餘以及現金股利（如上圖），顯然每一年的每股盈餘沒有中華電那麼穩定，但是每年都有盈餘，而且盈餘也比現金股利還要多。

　　不管中華電或者華新，最近幾年都表現得不錯，未來看起來也還會不錯，但是這樣子的美景能夠持續多久？什麼時候獲利會開始衰退？非

專業人士很難預估。

也因此，想要解決這個問題，最好的方式就是持有許多檔表現都不錯的個股，即便有少數個股表現不如預期，對整體資產也不會有太大影響。這就叫做存股2.0，白話說就是存ETF，比起存個股穩健太多了！

▨ 買進持有不需要任何操作

ETF追蹤指數績效，而指數是由專業機構所編製，ETF經理人只是被動操作而已，指數通常每半年或每一季重新審視一遍，汰換掉表現較差的成分股。

例如0056（元大高股息），追蹤指數名稱為「臺灣高股息指數」，這是由臺灣證券交易所與英商富時指數公司（FTSE）合作編製，以台灣50指數與台灣中型100 指數、共150支成分股作為採樣母體，挑選未來一年預測現金股利殖利率最高的50支股票作為成分股，以現金股利殖利率加權。指數每年6月及12月都會定期審核，也就是每半年調整一次。

臺灣高股息指數基本資料

指數母體	以「臺灣50指數」與「臺灣中型100指數」之成分股為採樣母體
加權方法	殖利率加權
基期	2006.07.31
發布日	2007.01.15
基期指數	5,000
計算頻率	每5秒計算1次
成分股數目	50
指數計算類別	價格／報酬
定期審核	每年6、12月

資料來源：臺灣指數股份有限公司

投資者只要持有0056這檔ETF，相當於持有50檔未來一年會有較高殖利率的高股息成分股，縱然有幾檔實際表現可能不如預期，平均殖利率也不會有太大變化，這就是分散風險的好處。加上指數公司每半年定期審視一次，相當於專家幫我們調整資產組合。持有這樣的ETF，投資者便可以高枕無憂，只要等著配息就可以了。

0056（元大高股息）從成立至今的萬元績效走勢

0056 +28,240.33 | +282.40%

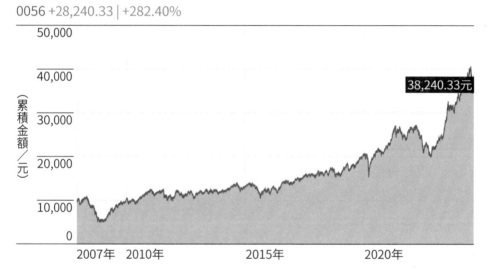

資料來源：怪老子整理，資料日期：2007/12/13～2024/8/27

接著來看看長期持有0056績效會是如何？從0056成立至今的萬元績效走勢圖來看，雖然也是上上下下波動，但長期趨勢往上，一波比一波還要高。假設一開始投入1萬元，期中不再投入任何金額，而且收到配息再投入，到了2024年8月27日，資產會成長至3萬8,240元。累計報酬率282.4%，年化報酬率8.4%。最重要的是，買進持有不需要任何操作，就有這樣的績效。

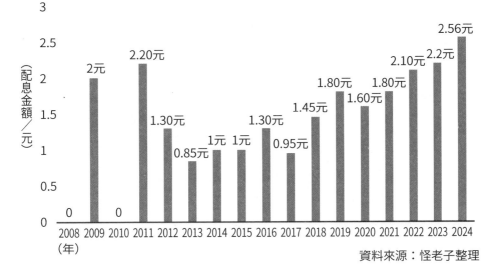

0056（元大高股息）歷年配息金額

配息金額／元

資料來源：怪老子整理

再看0056的配息狀況，從成立日至今只有2008年以及2010年沒有配息之外，每一年都有配發，只不過年年金額不同。至於2008及2010年沒有配息，並不是成分股沒有配息，而是當時遇到金融海嘯，淨值大幅下跌，當時的公開說明書規定，股價扣除已實現資本利得，若低於發行價是無法配息的，導致ETF收到的息收，得等到隔年才配出來，這也是為何2009及2011年配息特別高的原因。這條規定後來修改過，未來不會有這種情況發生。

我要特別強調的是，不只有0056具備這樣的特質，其他高股息ETF的表現也會類似。以0056來說明，是因為0056是國內老牌高股息ETF，有較長久的歷史績效可觀察。

市值型ETF勝過高股息ETF

看到這裡，你會以為我前面所說的，投資要有源源不斷現金流入，

指的就是高股息ETF。其實高股息及市值型ETF都具備這樣的特質,而我更喜歡市值型ETF。

前面所述都是用高股息ETF舉例,只因高股息ETF跟源源不斷現金流,較容易連結起來。高股息ETF確實是不錯,只是市值型ETF更好!

有兩個原因,讓我覺得市值型ETF勝過高股息ETF,一個是市值型ETF的成分股,除了年年可以收到配息外,還能有較多資本利得,總報酬會比較高。第二個原因,市值型ETF的選股方式透過市場自然法則,而高股息ETF是由人為訂定。市場自然法則就是好股票必然有好價錢,或者說會獲利的股票,股價自然高漲。

市值型ETF所挑選的成分股,只用市值排名規則。例如元大台灣50(0050)就是挑選台灣上市公司中,市值排名前50名的個股。就這麼簡單?是的,簡單又有用。

市場是無情的,適者生存;市值愈大的股票,除了獲利愈高外,也會年年穩定獲利。我最喜歡講:一家公司的市值排名,是投資者用鈔票投票出來的結果。

現在就給大家看看,台灣市值前5大公司的獲利狀況,每一檔都

0050小檔案

成立日期	2003/6/25	基金規模	3937.35億元 (2024/8/31)
經理費	0.32%	保管費	0.035%

0050為指數股票型基金,主要投資臺灣50指數成分股票,是國內首檔市值型ETF,意即挑選台股市值前50大公司作為投資標的。通常市值型ETF多採用市值加權法,也就是市值愈大,成分股權重就愈高。像台股最大市值公司台積電,就占0050比重逾5成。除了投資標的透明度高,管理費也較主動型基金便宜,是簡單親民的投資產品。

台積電（2330）年度每股盈餘與股利表現

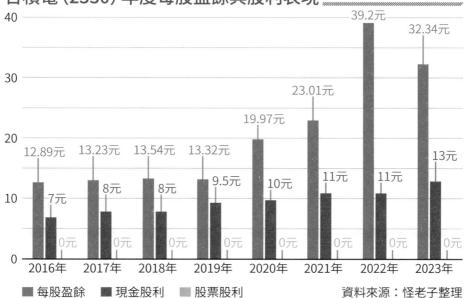

台積電（2330）年度每股盈餘與股利表現

	2016年	2017年	2018年	2019年	2020年	2021年	2022年	2023年
每股盈餘	12.89元	13.23元	13.54元	13.32元	19.97元	23.01元	39.2元	32.34元
現金股利	7元	8元	8元	9.5元	10元	11元	11元	13元
股票股利	0元	0元	0元	0元	0元	0元	0元	0元

■ 每股盈餘　■ 現金股利　■ 股票股利　　　　資料來源：怪老子整理

鴻海（2317）年度每股盈餘與股利表現

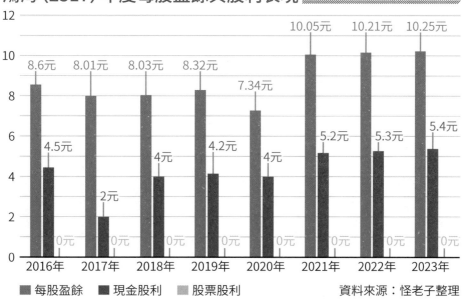

鴻海（2317）年度每股盈餘與股利表現

	2016年	2017年	2018年	2019年	2020年	2021年	2022年	2023年
每股盈餘	8.6元	8.01元	8.03元	8.32元	7.34元	10.05元	10.21元	10.25元
現金股利	4.5元	2元	4元	4.2元	4元	5.2元	5.3元	5.4元
股票股利	0元	0元	0元	0元	0元	0元	0元	0元

■ 每股盈餘　■ 現金股利　■ 股票股利　　　　資料來源：怪老子整理

聯發科（2454）年度每股盈餘與股利表現

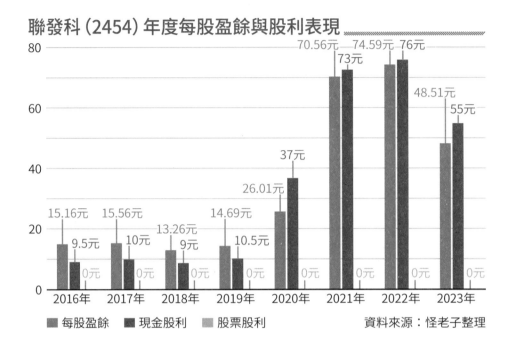

資料來源：怪老子整理

■ 每股盈餘　■ 現金股利　■ 股票股利

台達電（2308）年度每股盈餘與股利表現

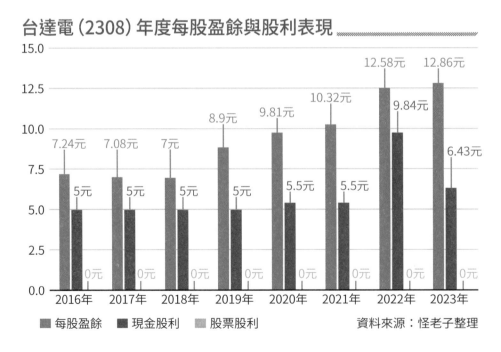

資料來源：怪老子整理

■ 每股盈餘　■ 現金股利　■ 股票股利

廣達（2382）年度每股盈餘與股利表現

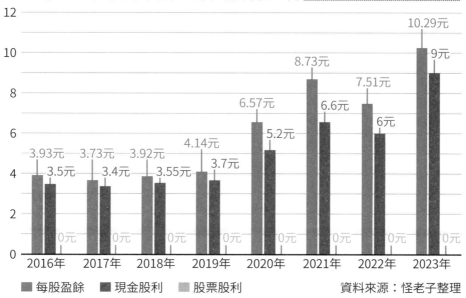

- 每股盈餘
- 現金股利
- 股票股利

資料來源：怪老子整理

是赫赫有名的企業，年年都有不錯的盈餘。先看市值第一名的台積電（2330），最近8年的獲利及配息，藍色長條圖為每股盈餘（EPS），紅色長條圖為現金股利，橙色長條圖為股票股利，可以看出藍色每股盈餘，以及紅色現金股利，最近幾年都是呈現一年比一年多的現象，護國神山表現果然讓人滿意。另外，第2名的鴻海（2317）（上頁圖表）、第3名的聯發科（2454）、第4名的台達電（2308）及第5名的廣達（2382）都是類似的表現。

事實上，其他0050成分股也幾乎是同樣年年獲利、年年配息的情況，大家可以自行進一步觀察。市場具備最有效的淘汰機制，汰弱留強的結果，就是0050永遠都持有國內獲利能力最強的50檔個股。而高股息ETF不一樣，只篩選出高股息的個股，往往把獲利會成長的股票給過濾掉，導致沒有太高的價差，總報酬自然比較低。

0056 vs.0050萬元績效走勢

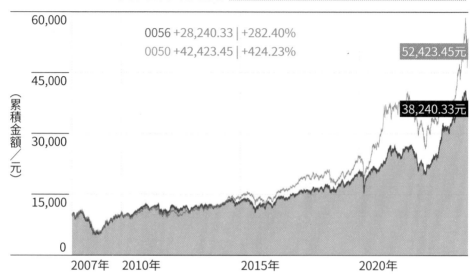

資料來源：怪老子整理，資料日期：2007/12/13～2024/8/27

　　圖為0056跟0050的萬元績效走勢，期間從0056成立日2007年12月13日至2024年8月27日為止，兩檔都是股票型ETF，只是最後的結果，0056這檔高股息ETF的累積報酬是282.4%，市值型0050卻高達424.23%，與前面分析吻合。

　　結論就是只要持有源源不斷現金流入的股票，長期來說沒有不獲利的道理。但是，只持有幾檔過去及目前都表現不錯的個股，無法保證未來可以有源源不斷的配息。

　　此時，透過ETF持有一籃子表現都不錯的成分股，就能確保源源不斷的現金流入。最重要的是，長期持有不用特別操作，自然就有不錯的獲利。而只有當獲利可確保之後，再進一步追求較高的平均報酬率，及較低風險的資產組合，才是有意義的。

Chapter 07

債券具強大鎖利效果
可長期持有不用操作的類定存

重點摘要

▨ 1. 債券票息vs.到期殖利率

▨ 2. 債券的鎖利效果

▨ 3. 債券ETF沒有到期日如何鎖利

▨ 4. 美債20年平均年報酬率約6%

實戰試算

▨ 1. 債券ETF賣舊債買新債對殖利率實際影響

▨ 2. 美債20年ETF平均年報酬率評估

債券ETF是退休金不可或缺的一項資產，除了淨值走勢長期往上之外，債券ETF跟股票型ETF具有負相關的特性，相互搭配可以有效降低波動度。尤其長期持有債券ETF，會有源源不斷的利息收入，還原配息的淨值長期也是往上，所以才會說債券ETF是退休族的好朋友。這一章就是要讓大家深入了解當中的道理，這樣遇到市場波動心裡才有底，不會心慌意亂。

我們先從債券ETF是什麼談起。債券ETF持有一籃子債券，而債券屬於收益型商品，跟銀行定存非常類似，都靠收取利息獲利，唯一不同的是，銀行定存是短天期借貸，而債券則是長天期的債權憑證，遊戲規則有點不一樣。

定存 vs. 債券

資產種類	解約	轉賣
定存	✓	✗
債券	✗	✓

兩者間的最大區別在於解約與轉讓，銀行定存允許客戶解約拿回本金，而債券不可解約，但是允許在市場上出售，至於交易價格就是投資

者願意購買的金額。既然價格由市場決定，債券也會跟股票一樣漲漲跌跌，除了有利息收入外，也會有資本利得或資本利損，也就是價差，只是漲跌幅度比股票小。

▨ 債券票息 vs. 到期殖利率

發行債券的機構通常為政府或者上市櫃公司，由政府發行的債券稱為公債，目前國內發行的美債ETF，就是持有一籃子美國政府發行的公債，民間企業發行的債券則稱為公司債。債券就是一張債權憑證，是俗話說的借據。債券上會註明發行機構、到期日、票息、付息次數、以及還款方式。

元大美債20年（00679B）成分債券

商品代碼	商品名稱		面額	市值	權重
912810UA4	US TREASURY N/B	4.625% 05/15/2054	418500000	457280884.31	5.30
912810TV0	US TREASURY N/B	4.75% 11/15/2053	394650000	439442238.80	5.09
912810TX6	US TREASURY N/B	4.25% 02/15/2054	415800000	422172566.17	4.89
912810TT5	US TREASURY N/B	4.125% 08/15/2053	375550000	372954061.65	4.32
912810TL2	US TREASURY N/B	4% 11/15/2052	338000000	331368586.96	3.84
912810SX7	US TREASURY N/B	2.375% 05/15/2051	444662000	314768283.98	3.65

票息　　　　　　到期日　　　　　　　　單位：美元

資料來源：元大投信官網，資料時間：2024/8/30

以元大美債20年（00679B）為例，成分債券總共有40檔（資料截至2024/8/30），表格只列出了其中6檔，每一檔都有一個商品代碼、商品名稱、面額以及市值。最上面一列商品代碼為912810UA4，商品名稱中的4.625%是票息，2054/5/15是到期日，面額4億1,850萬美元，市值為

4億5,728萬884.31美元。

　　美國債券通常每半年付息一次，到期一次還款，所以沒有特別註明付息時間。債券報價通常以每100美元的面額為單位，稱為百元價。只要將這檔債券的總市值4億5,728萬884.31美元，除上面額4億1,850萬美元，再乘上100，就知道每100美元面額的價格為109.267美元。價格會隨著時間變動，所以這檔債券的市值也會跟著變動。

美國公債現金流例示

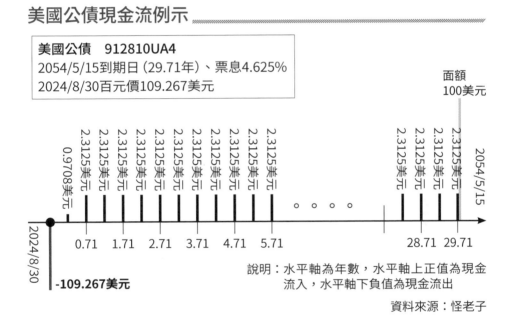

美國公債　912810UA4
2054/5/15到期日（29.71年）、票息4.625%
2024/8/30百元價109.267美元

面額 100美元

0.9708美元
2.3125美元（×多筆）
2054/5/15
2024/8/30
-109.267美元

0.71　1.71　2.71　3.71　4.71　5.71　　　28.71　29.71

說明：水平軸為年數，水平軸上正值為現金流入，水平軸下負值為現金流出

資料來源：怪老子

　　上圖為2024年8月30日買入面額100美元的現金流量圖，票息是4.625%，每100美元面額，每半年配發2.3125美元，到期收到面額100美元，利息收入及面額都是現金流入。

　　8月30日買入價格是109.267美元，就是把現金拿出去，所以現金流為負值。持有這檔債券至到期日（2054/5/15），可以收到總利息

137.34美元，加上面額100美元，所以總收入是237.34美元。也就是投資者拿出109.267美元，29年多後共可收回237.34美元，累積報酬率117.21%，到期殖利率4.082%。

提醒讀者，債券票息4.625%及面額是固定的，不會隨著利率而改變，只有交易價格會變動。債券不像銀行定存，存入金額就是本金，因為債券買入價格跟面額不一樣，所以年利率不會等於票息，但有個規則可循，如果價格等於面額100元，到期殖利率就等於票息4.625%。如果價格高於面額100元，到期殖利率就會低於票息；反過來也是一樣，如果價格低於面額100元，到期殖利率就會高於票息。

該檔債券在2024/8/30價格為109.267美元，高於面額100美元，到期殖利率就會低於票息4.625%。至於到期殖利率是多少，可以用Excel的YIELD函數計算，答案是4.082%。

但投資者不需要自行計算到期殖利率，只需要知道其意義即可。簡單說，就是2024年8月30日以109.267美元買入該檔債券，因為之後每年可收到4.625美元的利息，一直到29.71年之後，又會回收100美元，所以這樣的投資結果，相當於年利率4.082%，而這年利率就是「到期殖利率」，持有至到期可以獲得的年利率。當然，如果價格改變了，到期殖利率也會跟著改變。

從上面的解釋可知，到期殖利率是根據交易價格反推回來的。債券是固定收益商品，利息是主要收益，投資者關心的是年利率，所以才需要把交易價格代表的年利率計算出來，方便投資者作為購買決策。

因此，債券報價都會把交易價格代表的殖利率標示出來，供投資者參考。以這一檔公債為例，2024/8/30只知道價格109.267美元，對投資者來說無法決定是否值得買，但是當知道該檔公債以109.267美元買入後，相當於4.082%的年利率，這樣投資者做決策就容易多了。

▨ 債券的鎖利效果

債券價格隨時在變動，到期殖利率也會跟著變動，但是一旦買入持有之後，到期殖利率就鎖住不動了，因為買入金額及未來的利息及面額都不會改變，持有的現金流量凍結了，年利率因此不會變動，我稱這個為債券鎖利，鎖住買入時的殖利率，直到到期日為止。所以，殖利率愈高，能鎖住的利率也愈高，到期日愈長久，能鎖住利率的期間也愈長。

除了政府發行的公債外，也有企業發行的債券，稱為公司債。投資債券是把錢借給發行機構，最怕的就是被倒債，利息及本金都收不回來，當然，年利率更不用談。

美國公債的信用等級不必擔心，但是公司債就不一樣了，每一檔公司債的信用評等不同，某些信評比較好，某些信評比較差。還好發行債券的公司，都必須取得信用評等機構所訂定的信用評級，可供投資者參考，資訊公開透明，債券報價時也都會標示。一檔公司債券若信用評等遭到調降，價格就會下跌，代表殖利率會上升，因為承擔的信用風險變高了。

信用評等機構分兩大系統

	投資等級 (Investment Quality)				非投資等級 (Low Quality)				
	高等級 (High Grade)		中等級 (Medium Grade)		低等級 (Low Grade)			極低等級 (Very Low Grade)		
Standard & Poor's (標準普爾) Fitch Group (惠譽國際) Tw (中華信評)	AAA	AA	A	BBB	BB	B	CCC	CC	C	D
Moody's (穆迪)	Aaa	Aa	A	Baa	Ba	B	Caa	Ca	C	D

資料來源：怪老子整理

不同信用評等機構的信用等級，分成兩大系統，包括標準普爾（Standard & Poor's）、惠譽國際（Fitch Group）、中華信評是其一，穆迪（Moody's）是另外一個系統。

信用評等分為A、B、C、D四個等級，每一等級又細分成3個小等級。所有等級又可以一刀切開，分成投資等級及非投資等級兩大類，只要信用評等在BBB或Baa等級（含）以上的債券，就稱為投資等級債，這個等級以下就是非投資等級債，過去稱為高收益債，也就是俗稱的垃圾債。

債券雖然可以在市場上買賣，但是又不像股票有公開的證券交易市場，只能透過券商的櫃檯交易，比起買賣股票較不透明。國內投資人可以透過銀行理專、複委託交易、或透過美國券商，買到美國公債以及公司債，稱為債券直投。

除非是信用風險極低的美國公債，否則我不建議債券直投，主要理由是無法分散信用風險。直接購買個別公司債券，即便違約率相當低，最後結果也只有0%或100%兩種，沒有違約、風險為0，要是不幸遇到違約，風險就是100%，跟機率無關。而投資債券ETF，因為持有的是一籃子同等級的成分債券，承擔風險不再是0%或100%，而是整體債券的違約率，因此相對安全。

債券ETF沒有到期日如何鎖利？

在這裡要特別解釋的是，許多人對債券ETF有所誤解，認為沒有到期日就沒有鎖利效果。債券ETF雖然沒有到期日，持有一段期間後，成分債的到期日，若短於公開說明書訂定的年數，該檔債券就需要賣出，再買入較長天期的債券，也就是成分債的轉換，目的是讓債券ETF可以生生不息。

成分債雖然在一定期間後轉換，會造成鎖利效果鬆動，但程度不會太大，因為買入時已經把未來現金流量，也就是利息及面額，都用買入殖利率鎖定好了。轉換時，只不過把尚未領到的利息及面額，交換較長天期的本息而已，實質殖利率不會有太大改變。

債券ETF成分債轉換例示

說明：以商品代碼912810UA4為例　　　　　　　　　資料來源：怪老子試算整理

　　至於會有多大程度的影響，我用美債20年ETF的成分債，商品代碼912810UA4的公債做試算，上面是試算出來的現金流量圖，為了試算方便，我把29.71年到期，改成整數30年到期，且每年配息一次。票息4.625%，30年到期，以109.297美元買入，相當於殖利率4.082%。

　　美債20年ETF規定持有成分債的到期日，均必須高於20年，所以這檔債券10年後，到期日就會低於20年，必須換成到期日高於20年的新債券，那時候殖利率必然跟買入時不一樣。

　　假設轉換的新債券殖利率為5.0%，30年後到期，票息是5.0%，轉

換後的利息收入變成每年5美元，但是轉換時一買一賣會出現價差，若賣出舊債券獲得95.327美元，買入新債券支付100美元，加上當期利息收入4.625美元，淨現金流量為 -0.048美元。

持有10年後轉換，亦即再過10年又需要賣出新債券結算，賣出價位跟當時殖利率有關，若賣出殖利率降為2.5%，以138.973美元售出，加上當期5美元的利息，淨現金流量143.973美元，就是現金流量圖最後一筆。只要用IRR（內部報酬率）即可算出實質殖利率為4.97%，比買入殖利率4.082%還要高。

實質殖利率受到兩個變數影響，轉換時的殖利率以及賣出殖利率，前面的試算轉換殖利率假設為5.0%，賣出殖利率為2.5%；若不是這樣，又會是什麼樣的結果呢？

我做了一張表（右頁），將轉換殖利率及賣出殖利率從2.08% ～6.58%皆列出來，並把這範圍內每一種變化都算出來，欄列交叉數值就是實質殖利率。可以看出，當轉換殖利率、賣出殖利率都一樣是4.08%，那麼實質殖利率也會是4.08%。若轉換殖利率6.58%，賣出殖利率2.08%，實質殖利率最高5.59%（藍底白字的數值）。若轉換殖利率3.08%，賣出殖利率6.58%，實質殖利率最低3.06%（紅底的數值）。

結論，若兩個變數殖利率在2.08% ～6.58%之間變化，實質殖利率會落在3.06% ～5.59%之間，買入殖利率4.08%剛好落在中間。也就是說，持有時間延長，鎖利效果雖會鬆動，但不會有太大變化，持有時間愈長，變化愈小。

▨ 美債20年平均年報酬率約6%

投資債券ETF，只要是一筆閒錢，短期間內不會動用，就可以不用管市場價格如何波動，進而得到不錯的獲利。再從資產組合的角度來

轉換殖利率及賣出殖利率如何影響實質殖利率

彙總：轉換票息成數＝1.0

轉換殖利率	賣出殖利率 2.08%	賣出殖利率 2.58%	賣出殖利率 3.08%	賣出殖利率 3.58%	賣出殖利率 4.08%
2.08%	4.95%	4.71%	4.49%	4.27%	4.07%
2.58%	4.91%	4.67%	4.44%	4.22%	4.01%
3.08%	4.91%	4.67%	4.44%	4.21%	4.00%
3.58%	4.95%	4.70%	4.47%	4.24%	4.03%
4.08%	5.01%	4.77%	4.53%	4.30%	**4.08%**
4.58%	5.10%	4.85%	4.61%	4.38%	4.16%
5.08%	5.20%	4.95%	4.72%	4.49%	4.27%
5.58%	5.32%	5.07%	4.83%	4.60%	4.39%
6.08%	5.45%	5.20%	4.96%	4.74%	4.52%
6.58%	**5.59%**	5.34%	5.10%	4.88%	4.66%

轉換殖利率	賣出殖利率 4.58%	賣出殖利率 5.08%	賣出殖利率 5.58%	賣出殖利率 6.08%	賣出殖利率 6.58%
2.08%	3.87%	3.68%	3.51%	3.34%	3.18%
2.58%	3.81%	3.62%	3.43%	3.26%	3.09%
3.08%	3.79%	3.60%	3.41%	3.23%	**3.06%**
3.58%	3.82%	3.62%	3.43%	3.25%	**3.08%**
4.08%	3.87%	3.67%	3.48%	3.30%	3.12%
4.58%	3.95%	3.75%	3.56%	3.38%	3.20%
5.08%	4.06%	3.85%	3.66%	3.48%	3.30%
5.58%	4.17%	3.97%	3.78%	3.59%	3.42%
6.08%	4.31%	4.11%	3.91%	3.73%	3.55%
6.58%	4.45%	4.25%	4.06%	3.87%	3.70%

資料來源：怪老子試算整理

看，債券部位屬於防禦型資產，股票部位才是攻擊型資產，獲利主要來自股票，債券部位除了有穩定現金流之外，也能夠降低整體資產組合的波動程度。

再次呼應投資獲利法則，只要能有源源不斷的現金流入，資產淨值就會持續不斷往上走。而投資債券ETF，可以有源源不斷的利息收入，當然淨值也是會往上走。

TLT 從2002年成立至2024/8/30萬元績效走勢

TLT wDiv +14,465.77 | +144.66%

資料來源：晨星　　　　　　　　　　　資料時間：2002/7/22～2024/8/30

以TLT（iShares20年期以上美國公債ETF）為例，從2002年成立至2024/8/30的萬元績效走勢圖可以看出，累積報酬率為144.66%，年化報酬率則為4.13%，確實是一路往上走，也就是即便2022年遇到美國聯準會暴力升息，仍然有4.13%的年化報酬率。國內元大美債20年（00679B），追蹤相同的指數，績效也應該一樣，只是00679B發行時間不夠長，所以用TLT這一檔來舉例。

TLT 從2002年成立至2020/8/4萬元績效走勢

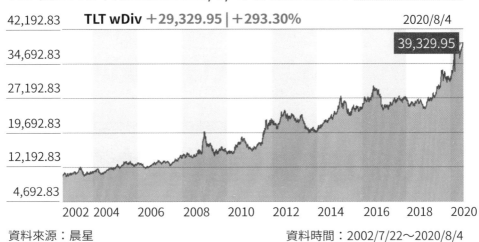

| 42,192.83 | **TLT wDiv** +29,329.95 \| +293.30% | 2020/8/4 |

39,329.95

34,692.83

27,192.83

19,692.83

12,192.83

4,692.83

2002 2004　2006　2008　2010　2012　2014　2016　2018　2020

資料來源：晨星　　　　　　　　　　　資料時間：2002/7/22～2020/8/4

　　美債20年的年化報酬率4.13%，看起來似乎非常低，這是因為2024年8月正好落在聯準會暴力升息的末端，債券價格處於低檔，如果以TLT成立日到升息前最高點、即2020年8月4日的期末淨值3萬9,330美元計算，累積報酬率為293.30%，年化報酬率為7.88%。

　　事實上，用最高7.88%或最低4.13%，當成未來報酬率都不適當，兩者平均起來的6%，是我認為比較合理的數值。

　　市值型的股票ETF以及債券ETF，長期持有都能有源源不斷的現金流入，所以長期趨勢都會往上，而且只要持有、不用特別去操作。

　　股票型ETF年化報酬率以9.5%估算，債券ETF年化報酬率以6%估算，對於不論正在籌措退休金或是已經退休的人來說，資產組合都應該包括這兩種投資標的，如此一來，不僅資產淨值會長期往上，且在過程中也不會太崎嶇顛簸。

Chapter 08

0050未來報酬率大公開

1指標找出高 CP 值投資標的

重點摘要

▨ 1. 未來報酬率如何預測

▨ 2. 0050未來的可能報酬率

▨ 3. 認識夏普比率，愈高愈好

實戰試算

▨ 1. 未來20年0050報酬率可能表現

▨ 2. 夏普比率的計算與應用

投資其實很簡單，只要買的是市值型 ETF 及美國公債 ETF，買入持有不需要任何操作，長期投資淨值就會往上；但要特別注意的是，過程絕不可能順順地往上走，而是一波一波地往上。如果往上過程中有波動，就會產生價差損益，波動愈大風險愈大，相反地，波動愈小風險也就愈小。

　　我們都知道，衡量報酬的工具是投資報酬率，分成累積報酬率、年化報酬率，以及平均報酬率3種。但衡量風險的工具是什麼呢？答案是標準差，就是實際報酬率偏離平均報酬率的程度（第5章內容）。

　　大部分的投資者顯然都只關心累積報酬率及年化報酬率，對平均報酬率以及標準差卻沒有太多概念。累積報酬率及年化報酬率，是用來衡量過去的投資績效，而平均報酬率及標準差，則可用來預測未來可能出現的報酬率。因為投資看的是未來表現，所以弄懂平均報酬率及標準差很重要。

　　下頁圖示為元大台灣50（0050）的萬元績效，可以看見自0050成立日2003/6/25投資1萬元，到了2024/8/22的淨值為9萬6,210元，累積報酬率862.10％，年化報酬率則為11.29％。累積報酬率是指整段期間內可以獲得的總報酬率，但這段期間長達21.16年，所以年化報酬率是要讓大家知道，這相當於每一年以多少報酬率在複利成長。

　　投資人都知道，投資基金時會有一個警語：過去績效不代表未來。

上述0050的累積及年化報酬率,都是過去的績效,也就是未來0050並不會得到相同的報酬率。

元大台灣50 (0050) 的萬元績效

資料來源:晨星,2003/6/25～2024/8/22

未來報酬率如何預測

但如果每個期間的報酬率會呈現常態分配(Normal Distribution),且假設是隨機出現,那麼只要知道平均報酬率及標準差,就可以預測在未來一定期間內,年化報酬率可能出現的範圍。

0050成立至2024/7/31總共有253個月,右頁上圖把每個月的報酬率畫出來,每個月都不一樣,但可以確定的是,正報酬的數量多過負報酬,月報酬率幾乎都落在正負10%之內,只有極少數的報酬率會出現在此範圍之外,而平均月報酬率則為1.042%。

0050成立至2024年7月報酬率表現

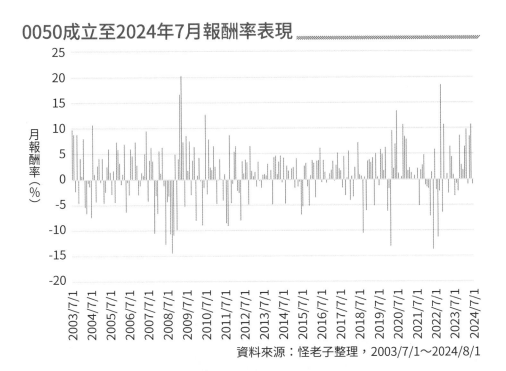

月報酬率（%）

資料來源：怪老子整理，2003/7/1～2024/8/1

0050成立至2024年7月 月報酬率分布狀況

月報酬率區間	出現次數	出現機率
＜-12.5%	3	1.2%
-12.5～-9.5%	7	2.8%
-9.5～-6.5%	6	2.4%
-6.5～-3.5%	24	9.5%
-3.5～-0.5%	49	19.4%
-0.5～2.5%	70	27.7%
2.5～5.5%	52	20.6%
5.5～8.5%	23	9.1%
8.5～11.5%	12	4.7%
11.5～14.5%	5	2.0%
＞0.0%	2	0.8%

資料來源：怪老子整理，2003/7/1～2024/7/31

把這些月報酬率做成直方圖來看就更清楚了，可以發現月報酬率落在 -0.5～2.5％之間的次數總共有70次，2.5～5.5％之間的次數為52次，在 -3.5～ -0.5％次數49次。統計截至2024年7月底，這期間總共253個月，所以只要將出現次數除上總月數253，就是出現機率。

0050月報酬率機率分布

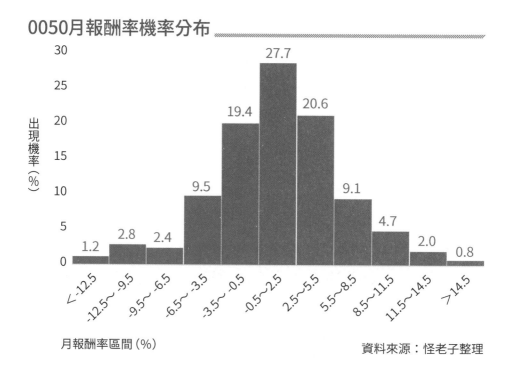

出現機率（％）

月報酬率區間（％）

資料來源：怪老子整理

將出現機率用圖形表示更清楚，月報酬率範圍落在 -0.5～2.5％的機率最高、為27.7％，接著是2.5～5.5％、機率是20.6％，再來才是 -3.5％～ -0.5％的範圍，出現機率19.4％；可以算出越偏離中心點、即平均值1.042％的分布標準差為5.3％。相當於年報酬率12.5％，年標準差18.36％（＝月標準差 × $\sqrt{12}$）。

雖然無法用過去的績效，推估未來會有相同結果，但若是用過去報

酬率的機率分布，當成0050的系統模型，假設未來每一個月的報酬率
都會隨機出現，就可以用來評估未來淨值的落點。

0050未來的可能報酬率

既然隨機出現，就可以用Excel的亂數，模擬隨機出現的月報酬
率，看看經過20年（240個月）後，萬元績效走勢會是如何。

因為月報酬率隨機出現，每一次模擬出來的結果當然都不一樣，有
時候比平均值還要高，有時候比平均值還要低，但是每一次的模擬結果
都沒有出現虧損。如果模擬100次，然後把每一次的年化報酬率都記錄
下來，平均值為11.6%（下圖橙色水平線），而且每次模擬都在平均值上
下不遠。

模擬100次0050的年化報酬率

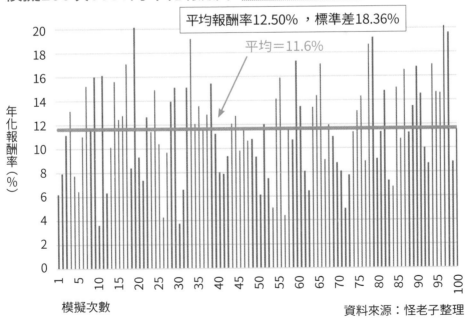

平均報酬率12.50%，標準差18.36%

平均＝11.6%

年化報酬率（%）

模擬次數

資料來源：怪老子整理

　　用直方圖呈現出來就更清楚，因為樣本數為100，所以出現次數也可以看成百分比。年化報酬率有23%的機率落在10.6～12.6%之間。有82%的機率，會落在6.6～18.6%之間；只有12%的機率，年化報酬率會小於6.6%；也只有6%的機率，年化報酬率會高於18.6%。

模擬100次0050的年化報酬率出現次數

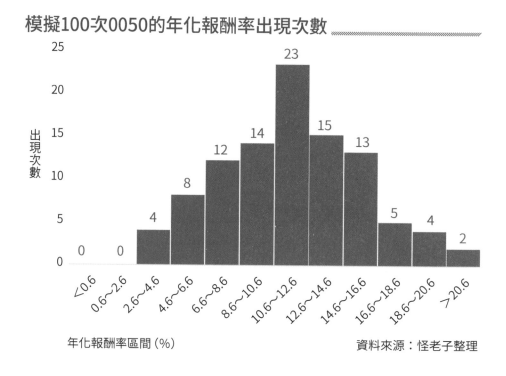

年化報酬率區間 (%)　　　　　　　　　　　　　　　　資料來源：怪老子整理

　　但是標準差如果從18.36%變成35%（波動變大），或者標準差變小只剩下9%（波動變小），甚至更小的5%，結果又會是什麼呢？

　　當標準差35%，模擬100次的結果，可以看出不是每一次都獲利，有相當多次出現虧損。整體來說，年化報酬率小於6.6%的次數總共51次，其中低於0.6%的次數有25次。至於年化報酬率落在6.6～18.6%的機率也只有45次，高於18.6%的次數則只有4次。

標準差35%模擬100次的結果

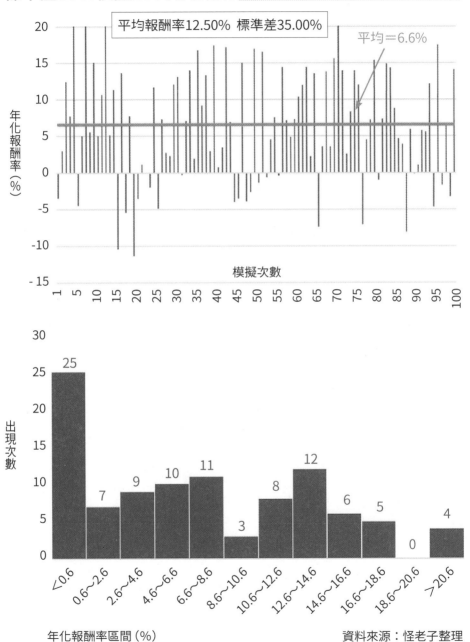

平均報酬率12.50% 標準差35.00%

平均＝6.6%

年化報酬率（%）

模擬次數

出現次數

年化報酬率區間（%）

資料來源：怪老子整理

接著看標準差降低至9%的結果，年化報酬率都非常接近平均值
12.6%，從次數分配圖來看，落點非常集中，只有一次低於6.6%，介
於6.6～18.6%的次數則為99次。

標準差9%模擬100次的結果

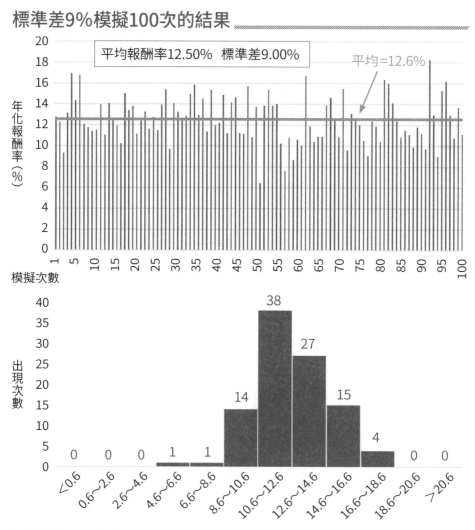

資料來源：怪老子整理

如果標準差只有5％，模擬100次，不只每一次都獲利，年化報酬率將全部落在8.6～16.6％之間，沒有一次低於8.6％，也不會高於16.6％，更精準地說，92次都落在8.6～16.6％之間。由此可以知道，同

標準差5%模擬100次的結果

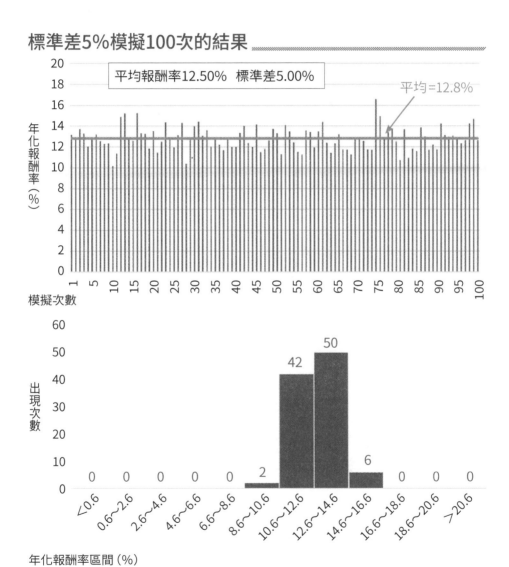

資料來源：怪老子整理

樣的平均報酬率，標準差愈低，未來的報酬率落點愈接近平均值，不會
大起大落。至於標準差愈高，未來的報酬率愈分散，可預測性愈低，代
表風險愈高。

有了標準差的概念之後，接著就要進入如何挑選投資標的的部分。
假若有0050及TLT（iShares20年期以上美國公債）這2檔ETF，要選哪一
檔好呢？0050平均報酬率12.50%，標準差18.36%，而TLT的平均報酬
率為4.15%，標準差14.41%。

0050與TLT的平均報酬率與標準差

證券標的	平均報酬率	標準差
0050	12.50%	18.36%
TLT	4.15%	14.41%

說明：TLT為iShares20年期以上美國公債ETF　　　　　資料來源：怪老子整理

從平均報酬率來看，0050表現較好，可是從標準差的角度來看，卻
是TLT表現佳。但其實不同的平均報酬率及標準差是無法比較的，想做
2者的比較，必須有一項數值相同，可以是平均報酬率一樣，或者是標
準差一樣。

若是平均報酬率一樣，標準差較低的那一檔就比較好；若是標準差
都一樣，那麼平均報酬率較高的較優。雖然這2檔的平均報酬率及標準
差都不一樣，但是只要把0050的標準差調整成跟TLT一樣，比較平均報
酬率即可。

認識夏普比率，愈高愈好

接著我們要介紹一個重要指標，就是夏普比率。任何一項風險性資

產，都可以和無風險資產組成一個組合，來降低標準差。無風險資產的標準差為0，因為沒有波動，實務上，我喜歡用定存來替代無風險資產。

　　例如風險性資產為0050，無風險資產為定存，0050跟定存做成一個組合，透過定存占組合的比率，就可以調整組合的標準差，只要組合的標準差跟TLT一樣，就可以用組合平均報酬率來跟TLT比較了。

0050與定存組合 平均報酬率與標準差變化

定存比率	0050比率	平均報酬率	標準差
0%	100%	12.50%	18.36%
10%	90%	11.42%	16.52%
20%	80%	10.34%	14.69%
30%	70%	9.26%	12.85%
40%	60%	8.18%	11.02%
50%	50%	7.10%	9.18%
60%	40%	6.02%	7.34%
70%	30%	4.94%	5.51%
80%	20%	3.86%	3.67%
90%	10%	2.78%	1.84%
100%	0%	1.70%	0.00%

資料來源：怪老子整理

　　組合中定存的比率是0～100％，0050的比重是100～0％，假設定存標準差為0，所以組合的標準差就是0050的比率×0050的標準差。例如定存比重50％，那麼0050的比率也是50％，而0050標準差為18.36％，組合後會減半只剩下9.18％。隨著定存比率愈高，組合的標準差也會跟著下降，也就是說，定存可以用來稀釋標準差，這是一個很重要的觀念。

當然，隨著定存比率愈高，平均報酬率也會跟著下降，組合的平均報酬率，就是0050平均報酬率跟定存報酬率的加權平均。例如50%的定存、50%的0050，組合的平均報酬率將為7.1%（＝12.5×0.5+1.7×0.5）。

TLT 與定存組合 平均報酬率與標準差變化

定存比率	TLT 比率	平均報酬率	標準差
0%	100%	4.15%	14.41%
10%	90%	3.91%	12.97%
20%	80%	3.66%	11.53%
30%	70%	3.42%	10.09%
40%	60%	3.17%	8.65%
50%	50%	2.93%	7.21%
60%	40%	2.68%	5.76%
70%	30%	2.44%	4.32%
80%	20%	2.19%	2.88%
90%	10%	1.95%	1.44%
100%	0%	1.70%	0.00%

資料來源：怪老子整理

而TLT雖然是債券型ETF，但是一項風險性資產，當然也可以跟定存組成一個組合，不同定存比率，整組資產的平均報酬率及標準差，如上表的數值。

把前面2個表格上的數字，用圖形畫出來更清楚（右頁圖表），藍色直線是0050跟定存的組合，水平軸為標準差，垂直軸為平均報酬率，每一個圓點就是一個組合的標準差及平均報酬率，藍色直線最右邊圓點是定存0%、0050為100%的結果。往左下走的每一個圓點，0050的比

率就減少10%，定存則增加10%，一直到最左下邊的圓點，就是定存100%的結果。

0050與TLT的夏普比率

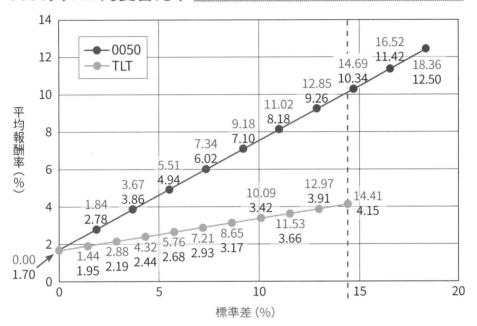

另外，TLT也可以跟定存做成一個組合，為上圖中的橙色線條，線條最右上方圓點為100%的TLT，標準差14.41%，平均報酬率4.15%，最左下方的圓點為100%定存，可以看到線條愈往左走，平均報酬率愈低，標準差也愈低。

如果只有0050及TLT可選擇，那麼就該挑0050才對，因為在任何一個相同標準差條件下，0050的平均報酬率都比TLT還要高。相對來說，0050的標準差雖然是18.36%，但是因為可以跟定存組合，只要把0050的標準差稀釋至跟TLT一樣的14.41%，就能一決勝負了。

以TLT的標準差14.41%來看，是0050標準差18.36%的78.5%，那麼組合21.5的定存，組合標準差一樣為14.41%（＝18.36%×78.5%），但平均報酬率為10.2%（＝78.5%×12.5%＋21.5%×1.7%）。

換句話說，該組合的標準差跟TLT一樣，平均報酬率10.2%卻比TLT的4.15%高出很多。所以即便希望可以有較低標準差的資產，也應該選0050，因為只要把原來要投資0050的部位，挪出21.5%放到定存，那麼平均報酬率就可以達到10.2%，比TLT好太多了。

下圖是0050加上定存與TLT的回流測試，橙色線條100%都是TLT，藍色線條是定存21.5%及0050為78.5%的組合，標準差都是14.4%，很明顯可以看出0050及定存組合勝出。

0050＋定存 VS. TLT 回流測試

資料來源：怪老子整理，2003/6/25～2024/8/22

任何一項資產都可以跟定存組成一個組合，組合的平均報酬率及標準差就是一條直線，這條直線的斜率愈高，代表同樣標準差可以獲得愈高的平均報酬率。該斜率公式是每承擔一份的風險（標準差），可以獲得多少的超額報酬率，稱為夏普比率。

$$夏普比率 = \frac{平均報酬率 - 定存年利率}{標準差}$$

0050的夏普比率為0.59（＝（12.5% － 1.7%）÷18.36%），TLT的夏普比率為0.17（＝（4.15% － 1.7%）÷14.4%）。夏普比率愈高愈好，而從數值來看，就可以知道0050表現會比TLT還要好。

總之，投資不能看過去績效，要從平均報酬率及標準差看未來；結論是，平均報酬率愈高，標準差愈低，未來預期報酬偏離的程度也愈低。若要比較哪一個投資標的比較好，也不用那麼麻煩計算，只要選擇夏普比率愈高的組合愈好。

Chapter 09

退休後黃金資產配置出列
揭股債最佳組合 6：4

重點摘要

▨ **1.利用股債負相關降低資產波動**

▨ **2.實證股債最佳組合為6：4**

▨ **3.進一步降低波動靠定存**

▨ **4.退休族如何配置定存與股債**

實戰試算

▨ **1.0050與20年公債ETF配比對於報酬率與波動度的影響**

▨ **2.透過效率前緣實證股債最佳配置為6：4**

▨ **3.一表看退休族最佳股債與定存配比**

投資不能看過去績效，那怎麼預測未來呢？前面提到標準差的重要性，了解挑選資產組合，最重要的是夏普比率。接下來要進一步探討，當2個資產組合起來時，平均報酬率及標準差會產生什麼變化，尤其股票型ETF及債券型ETF，這2種具負相關的資產，相互組合究竟能降低多少波動。

國民ETF、0050（元大台灣50）過去的績效確實不錯，但若要0050表現更好，該怎麼做呢？答案是：必須加入債券組合。

▨ 利用股債負相關降低資產波動

第8章我舉了一個例子，若0050跟TLT（iShares20年期以上美國公債ETF）只能選1檔，當然是0050好，因為0050的夏普比率遠高於TLT。但這不代表TLT一無用處，因為0050及TLT之間具有負相關，兩者組合起來，能讓0050的標準差大幅降低，這才是TLT所要扮演的角色。

0050跟TLT的相關係數為 -0.246，下頁圖表的藍色曲線是0050與TLT相互配置後，得到的平均報酬率及標準差，曲線上每一點代表不同比率的0050以及TLT，這條線專業術語稱「效率前緣」。

最右上圓點是100%的0050與0%的TLT組合，平均報酬率12.5%，標準差18.4%。最右下方圓點是0%的0050與100%的TLT，平均報酬率4.1%，標準差14.4%。從最右上方圓點，往左下每1個圓點，0050占組

合的比率會少10%，所以第2個圓點，就是90%的0050與10%的TLT，再往下1個圓點是80%的0050與20%的TLT，以此類推。

在效率前緣圖中，愈往左邊標準差愈低，愈往上面平均報酬率愈高，所以資產組合的平均報酬率及標準差，愈能落在左上方愈好。

0050跟TLT之效率前緣

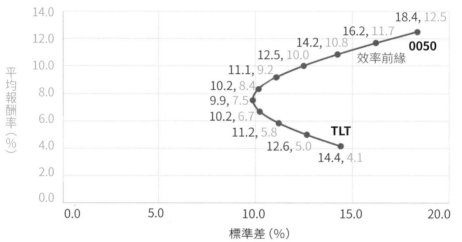

資料來源：怪老子

實證股債最佳組合為6：4

夏普比率就是風險性資產跟定存所連成一條線的斜率，效率前緣上的每1點都可以跟定存連接1條線，斜率最高的組合，就是右頁上圖橙色那一條直線與效率前緣相交的點，即紅色打叉的那一點，該組合為60%的0050、40%的TLT，平均報酬率9.2%，標準差11.1%。穿過0050那條虛線的斜率就是0050的夏普比率，沒有橙色線條來得陡峭，也就是夏普比率比較低。

找出斜率最高組合

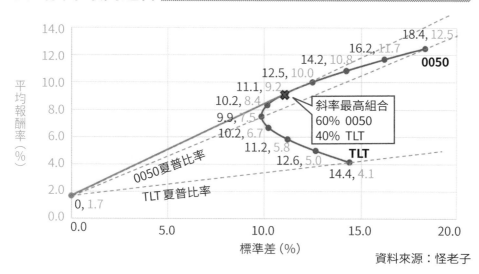

資料來源：怪老子

　　很多的投資者認為自己還年輕，能夠承擔更高的風險，希望0050的比重可以高一點，這是沒有錯，退休前應該快速累積資產，所以如果希望平均報酬率高一些，那麼0050的比率可以高一些，只是標準差也會比較高。

　　但若希望降低標準差，不是應該降低0050的比率，因為往下降能夠獲得的平均報酬率及標準差，都會比橙色的線條還要低。從最佳組合分成兩邊，一邊往右上至0050，另一邊往左的曲線至TLT，當中組合都不要採用，就是下頁圖表中綠色螢光筆標示出來的那一段，因為這些點都可找到平均報酬率相對更高的組合。

　　例如10%的0050、90%的TLT組合，平均報酬率5.0%，標準差12.6%，同樣是接近12.6%的標準差，選擇70%的0050、30%的TLT組合，卻可以獲得較高的平均報酬率10.0%。兩組合的標準差一樣，當然選擇平均報酬率較高的。

再來，20%的0050、80%的TLT組合，平均報酬率5.8%，標準差11.2%。如果要選擇這個組合，還不如選擇最佳組合，也就是60%的0050、40%的TLT，可獲得平均報酬率9.2%，標準差又與11.2%接近。

剔除不要採用的組合

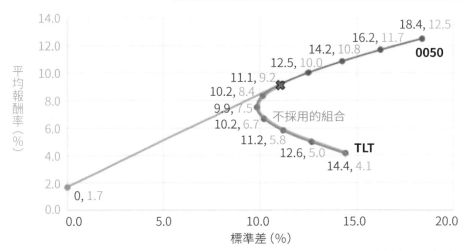

資料來源：怪老子

進一步降低波動靠定存

退休後風險承受度低，想要較低的標準差5%，然而效率前緣線卻沒有這個組合，這時候可以用最佳組合，但是降低曝險比率，也就是將資產分成最佳組合及定存，也就是右頁上圖橙色直線的組合。橙色線條有2個端點，最右邊的端點是最佳組合100%、定存0%，每往左邊1點，則定存增加10%，最左邊的端點則全部是定存。

總結來說，透過0050及TLT的組合，可以找到最佳股債投資組合點，就是60%的0050加上40%的TLT；如果希望有更好的平均報酬，就

以定存比率降低標準差

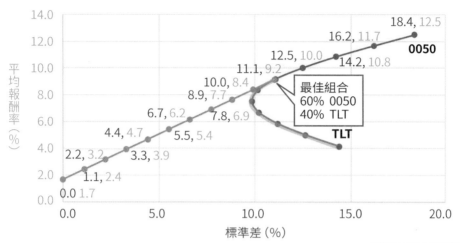

資料來源：怪老子

採用最佳組合右邊的組合。

　　但如果希望能夠有更低的標準差，只是增加債券比重不會達到效果，而是應該用定存來稀釋標準差，也就是用最佳組合與定存的配置，即橙色線條上的點，橙色線愈靠右邊，最佳組合比例愈高，橙色線愈靠左邊，定存比例愈高。

　　結論，資產配置都應該在下頁圖表上紫色螢光筆畫出來的這條線上，分界點為最佳組合（即60%的0050加上40%的TLT），最佳組合右邊曝險比率都100%（沒有定存），只是股債比率不同，反正0050最低比率都不應該小於60%。

　　不過，若是希望降低風險，股債比仍然要維持60比40的最佳組合，然後再透過降低曝險比率、也就是增加定存的方式，來達成進一步降低風險的目的。

　　舉例來說，手上有1,000萬元，最佳組合為600萬元投入0050，400

萬元投入TLT。但想要進一步降低標準差,也就是希望資產波動更小,可以考慮其中20%、200萬元放定存,然後另外800萬元再做股債6與4的配置,就是480萬元投入0050、320萬元放TLT,如此一來標準差會從11.1%降到8.9%,當然平均報酬率也會下滑,從9.2%降為7.7%。

由於退休以前的投資目標,是快速累積退休資產,所以我建議0%定存、80%的0050及20%的TLT,這樣可以獲得10.8%的平均報酬率、14.2%的標準差。

退休前最佳投資組合

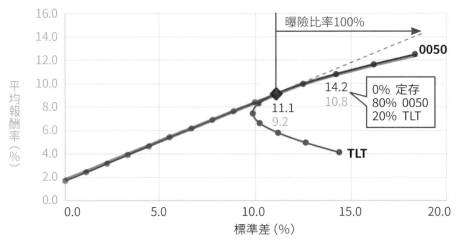

資料來源:怪老子

退休族如何配置定存與股債

至於退休後的資產配置,主要考量當然是標準差,這時候應該維持最佳股債比率60比40,再透過曝險比例,也就是部分資產挪至定存,調整出適合自己的標準差。

右頁表格是0050與TLT維持最佳組合(即60比40),在不同曝險比

不同曝險比例下最佳組合的平均報酬率及標準差

曝險比率	定存	0050比率	TLT 比率	平均報酬率	標準差
0%	100%	0%	0%	1.7%	0.0%
10%	90%	6%	4%	2.4%	1.1%
20%	80%	12%	8%	3.2%	2.2%
30%	70%	18%	12%	3.9%	3.3%
40%	60%	24%	16%	4.7%	4.4%
50%	50%	30%	20%	5.4%	5.5%
60%	40%	36%	24%	6.2%	6.7%
70%	30%	42%	28%	6.9%	7.8%
80%	20%	48%	32%	7.7%	8.9%
90%	10%	54%	36%	8.4%	10.0%
100%	0%	60%	40%	9.2%	11.1%

最佳組合為0050占60%、TLT 占40%

例的條件下，能獲得的平均報酬率及標準差，同時也列出不同曝險比率下的配置方式。

我建議退休族的曝險比率為60%，也就是將退休金的40%放定存，36%投入0050、24%投入 TLT，這樣一來，能夠獲得的平均報酬率仍有6.2%，標準差則大幅降為6.7%。如果想更安心一點，就再降低曝險比率，標準差自然也會跟著降下來，只是平均報酬率也會下降。

最後我還是要強調，只要持有源源不斷、都有現金流入的資產，不論是股票型ETF或是債券型ETF，都具備這樣的特性，不需特別操作，只需要長期持有，資產淨值就會一波一波的往上漲。

而進一步透過股債的負相關，把股債相互組合起來，就能夠有效降低波動，讓組合後的資產平穩的往上走。投資就是這麼簡單！

PART Ⅳ
退休後遇股災也不怕

Chapter 10

動態提領退休金一定夠用
股災來亂、通膨高掛也不怕

重點摘要

////// **1. 如何確保退休金一定夠用**

////// **2. 動態調整提領金額的精神與要訣**

////// **3. 不怕退休後出現變數的絕招**

實戰試算

////// **1. 退休金需求線上試算 看懂動態提領重要性**

////// **2. 利用 Excel 表算出當年度可提領生活費**

不論是退休前或是退休後，退休金資產的投資，除了投資報酬率外，還得看波動風險，標準差愈小愈好。退休前是累積退休金的黃金時期，如果投資的標準差過大，到了退休那一天，實際累積的退休金額，恐怕會跟退休規劃出現很大落差。幸運的話，可能會比規劃的金額多出很多，萬一不幸，也可能出現比規劃金額少很多的狀況，這都不是退休規劃所樂見的。

　　至於退休後的投資理財又不一樣，重點應放在穩定的現金流入，所以退休金投資的標準差，絕對不能太高，否則會出現退休金過早用完的窘境。

⫶ 如何確保退休金一定夠用

　　舉個例子來說，規劃65歲退休，退休後每年生活費需要60萬元，且要能抵擋通貨膨脹率1.5%，希望可以用到100歲，也就是需求年數35年。至於平均報酬率應該用多少才適當呢？如果投資人使用第9章提到的退休後建議組合，也就是40%定存，36%的0050（元大台灣50），及24%的TLT（iShares20年期以上美國公債ETF）做搭配，預計可獲得平均報酬率6.2%，標準差6.7%。

　　利用怪老子網站上的退休金需求線上試算可以看到，即便標準差已經降到6.7%，仍然是有機會發生退休金不夠用的狀況，那該怎麼辦

呢？解決方式有2種，第一是降低曝險比率，讓標準差再下降。另一則
是這章要告訴大家的重點：動態調整提領金額。

不同曝險比例下最佳組合的平均報酬率及標準差

曝險比率	定存	0050	TLT	平均報酬率	標準差
0%	100%	0%	0%	1.7%	0.0%
10%	90%	6%	4%	2.4%	1.1%
20%	80%	12%	8%	3.2%	2.2%
30%	70%	18%	12%	3.9%	3.3%
40%	60%	24%	16%	4.7%	4.4%
50%	50%	30%	20%	5.4%	5.5%
60%	40%	36%	24%	6.2%	6.7%
70%	30%	42%	28%	6.9%	7.8%
80%	20%	48%	32%	7.7%	8.9%
90%	10%	54%	36%	8.4%	10.0%
100%	0%	60%	40%	9.2%	11.1%

說明：最佳組合為0050（元大台灣50）60%與TLT（iShares發行20年以上美國公債）40%

資料來源：怪老子

顧名思義，動態提領的意思是，當去年投資報酬率比較高時，今年
提領的金額可高一點，相反地，如果去年投資報酬率比較低，今年提領
金額就少一些，目的在於讓退休金一定夠用。

事實上，動態調整提領金額就是保險公司的利變型年金險概念，而
他們是用宣告利率調整年金發放的金額。

動態調整提領金額的精神與要訣

對於第一種降低曝險比率的方式，我並不推薦，因為曝險比率進一
步降低，副作用是平均報酬率也會跟著下降，如此一來，大家準備的總
退休金額得提升才行。

所以，我會建議動態調整提領金額，讓退休金一定夠用！其實調整方式也很簡單，就是每年根據最後的退休金餘額，再反推可以提領多少金額。

退休金需求線上試算

以平均報酬率6.2%、標準差6.7%為例。

每年生活費（現值）	60	萬元
幾年後開始退休	0	年
每年生活費（退休第1年）	600,000元	
通貨膨漲率	1.5% ∨	
預定報酬率	6.2 %	
實際報酬率	6.2 %; 標準差 6.7 %	
需求年數	35 年	
退休金	1,078萬元	
提領率	5.6%	

掃描 QRcode
進入試算網站

規劃試算　模擬(年金固定提領)　模擬(年金動態提領)

期末結餘　　━ 期末結餘　● 規劃值

資料來源：怪老子理財網站

例如65歲退休時，希望每年生活費用為60萬元，而且每年以1.5%成長（抗通膨），若要使用35年，預定投資報酬率6.2%，退休金得準備1,078萬元。假若退休時，累積的退休金不足規劃的1,078萬元，那第1年生活費當然不能提領60萬元，而是要根據手上的退休金餘額做相對應的安排。

同樣道理，退休經過一年之後，不管報酬率如何，等於確定了接下來的退休金餘額，此時有可能比規劃的多，也有可能比規劃的少，但不

表1：試算可提領的年生活費

退休金餘額（萬元）	1,078
投資報酬率	6.20%
通貨膨脹率	1.50%
需求年數	35
提領生活費	600,173

掃描QR Code
下載 Excel 表

模擬（年金動態提領）線上試算明細表

年度	報酬率	提領	獲利	期末結餘
1	0%	600,000	0	10,176,893
2	12.54%	645,367	1,276,373	10,807,899
3	7.88%	665,425	851,919	10,994,393
4	1.13%	643,175	124,461	10,475,679
5	9.44%	672,753	989,143	10,792,069
6	6.47%	684,582	698,265	10,805,752
7	-0.93%	648,174	-100,924	10,056,653
8	8.74%	673,619	878,744	10,261,779
9	16.02%	746,943	1,643,911	11,158,747
10	-5.03%	677,984	-561,189	9,919,574
11	1.79%	659,594	177,804	9,437,784
12	0.65%	634,492	61,219	8,864,511

資料來源：怪老子

管剩餘多少，重新再計算一次就好。

我自己做了一個Excel試算表，只要輸入目前退休金餘額、投資報酬率、通貨膨脹率，以及需求年數，就會立即算出目前可提領的年生活費。例如，照規劃存足了1,078萬元，投資報酬率6.2%，通貨膨脹率1.5%，需求年數35年，可提領金額為60萬173元（結果不是精準60萬元整，這是因為退休金試算時四捨五入到了萬元）（表1）。

再看左頁的模擬（年金動態提領）線上試算明細表，第1年提領了60萬元，期末結餘1,017萬6,893元，到了第2年初，確定去年投資報酬率12.54%，也就是獲利127萬6,373元，所以第2年初累計結餘1,145萬3,266元。

同樣使用「試算可提領的年生活費」Excel表，把1,145萬3,266元輸入，需求年數改成34，計算出來的提領生活費64萬5,367元（表2）。

表2：試算可提領的年生活費

退休金餘額（萬元）	1,145.3266	需求年數	34
投資報酬率	6.20%	提領生活費	645,367
通貨膨脹率	1.50%		

資料來源：怪老子

表3：試算可提領的年生活費

退休金餘額（萬元）	1,059.7558	需求年數	26
投資報酬率	6.20%	提領生活費	677,984
通貨膨脹率	1.50%		

資料來源：怪老子

再看看到了第9年底，結餘1,115萬8,747元，到了第10年初結算虧損5.03%，虧損金額為56萬1,189元，所以第10年初退休金結餘為1,059萬7,558元。把這金額輸入退休金餘額（表3），需求年數改為26，提領

生活費為67萬7,984元，跟線上試算一模一樣。前一年虧損約56萬元，新的一年還可以提領約68萬元，這種調整方式可以讓退休後的生活費安排有個依據。

◢ 不怕退休後出現變數的絕招

其實這個動態提領金額的邏輯很簡單，就是每一年初結算手中還有多少退休金餘額，以及未來需要使用多少年，重新規劃可以提領的生活費金額。

當然退休後每年的生活花費，也不會如規劃的那麼完美，可能會剩餘一些還沒花完，也可能出現透支，這些都是變數。舉個例子來說，到了75歲時，本來退休金餘額還有1,250萬元，結果幸運地中了樂透、淨額增加300萬元，退休金結餘變成1,550萬元（表4）。同時，投資報酬率也希望能夠更穩健一點，於是調低曝險比率，把年化報酬率從6.2%降至4%，通貨膨脹率仍然維持1.5%，需求年數25年，試算出來結果，當年生活費可以提領81萬7,588元。

表4：試算可提領的年生活費

退休金餘額（萬元）	1,550	需求年數	25
投資報酬率	4.00%	提領生活費	817,588
通貨膨脹率	1.50%		

資料來源：怪老子

也就是說，雖然退休後每一年結算的退休金餘額，會因為多種變數而產生變動，但如果懂得動態提領金額的精神，那麼，不管未來受任何原因影響，造成退休金增加或減少，只要知道當前的餘額是多少，還有幾年要用；另外，投資報酬率及通貨膨脹率也可以根據當下的環境重

動態提領金額圖示

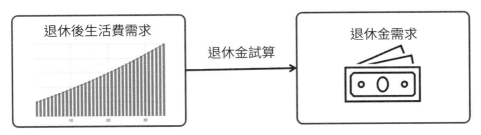

退休規劃是根據未來生活費的需求，試算退休金需要多少金額

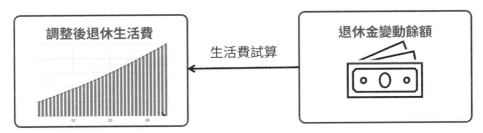

動態生活費調整，是根據現有的退休金餘額，反推有多少生活費可以使用

資料來源：怪老子整理

新評估。那麼，就可以透過試算表計算接下來可提領的生活費，如此一來，絕對不會出現退休金提早用完的情況。

每個人都會盡自己的努力籌措退休金，累積的金額愈多，退休生活就可以過得更輕鬆。但不管累積到多少金額，都可以透過這一章的試算表，得到最新的規劃，這方法也叫重置法，即根據最新的狀況重新規劃一次。

這其中投資報酬率的選擇，必須要非常嚴謹，因報酬率愈高，標準差就會愈大，退休金餘額變動也會跟著加大，每年可提領的生活費用，上下變動的幅度當然會增加。但有了這個試算表，不論實務上有多少變數，都能克服退休金餘額不足的問題。

Chapter 11

股債ETF推薦標的出列

ETF百花齊放 哪一檔最值得買

重點摘要

▧ **1.最值得入手的4檔股票型ETF**

▧ **2.美國短中期公債ETF的報酬與波動**

▧ **3.國內投資級公司債ETF分兩類**

▧ **4.退休前vs.退休後最佳組合**

實戰試算

▧ **1.怪老子大推的4檔股票型ETF報酬率及波動度拆解**

▧ **2.公債、公司債ETF報酬率及波動度拆解**

台灣還沒有債券型ETF之前，我就已經開始採取股債平衡投資術，只是債券部位都是主動型基金，直到2017年元大投信引進美債ETF，我才開始持有美債20年ETF，代號是00679B（元大美債20年）。

0050 vs.TLT 萬元績效走勢

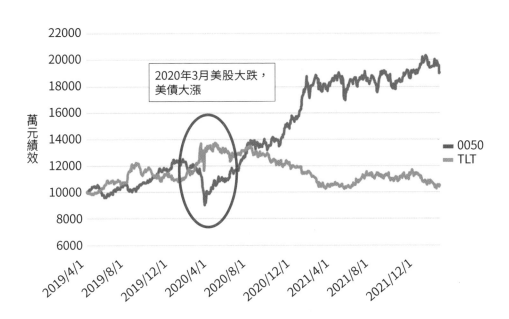

資料來源：怪老子整理，資料日期：2019/4/1～2022/2/25

　　我親身經歷過幾次股市大跌，好在有做好股債平衡，才能夠安然度過。還記得在新冠疫情開始延燒時，全球擔心經濟會受重創，2020年3月份美國股市大跌，觸發了4次熔斷機制，由於台灣股市跟美國股市緊密連動，當然也跟著大跌。

　　當時聯準會出手降息救經濟，美債ETF因此也上漲了一波（圖以TLT：iShares20年期以上美國公債ETF做代表）。我趁這個機會，把手中部分債券ETF賣掉，轉成持有證券代號為00646（元大S&P 500）的ETF，光是價差獲利就有44%，這還不包括之前的配息收入。

　　就在買入00646後不久，美國股市又開始大漲，00646也跟著漲起來，所以獲利更可觀。許多人問我，為何買00646而不是0050（元大台灣50）？答案很簡單，因為00646下跌的幅度比0050還要深，兩檔同樣都是市值型ETF，我當然買下跌幅度較大的美股，未來回漲的空間也會比較大。

0050 vs.TLT 萬元績效走勢

2008年金融海嘯，0050
重跌、TLT上漲

資料來源：怪老子整理，資料日期：2007/6/21～2010/5/4

另外，讓人印象深刻的還有2008年金融海嘯，當時0050重跌58%，TLT則呈現上漲走勢，還好我有做好股債平衡，總資產最大跌幅僅10%，讓我安然度過那次股災。

說了這麼多，我想表達的是股債配置的重要性，雖然前面我已經用標準差、也就是波動風險，說明了股債配置在投資上的絕對必要，但畢竟比較理論一些，所以這裡我再次用自己親身經歷，來加深大家的印象。

▨ 最值得入手的4檔股票型ETF

那麼，股票型ETF中哪一檔最值得投資人注意呢？除了0050之外，我最推薦的另有3檔，一檔是00713（元大台灣高息低波），另一檔是0052（富邦科技），及剛剛有提到的00646（元大S&P 500）。

會推薦00713，並不是因為配的息比較高，而是夏普比率高、為1.35，也就是相同報酬率，可以有較低的波動。至於會推薦0052這檔產業型ETF，不是因為最近5年績效最高，而是科技產業是台灣的未來。至於00646是投資美股的ETF，如果擔心兩岸情勢，或希望加入美股資產，就可以考慮這一檔。

從這4檔ETF近5年（截至2024/9/13）的萬元績效走勢圖可以看到，4檔幾乎一樣，只有幅度不同而已。其中績效最好的是0052，累積報酬率高達265%，年化報酬率29.6%；00713績效次之，累積報酬151.7%，年化報酬率20.3%；第三名則是0050，累積報酬率145.5%，年化報酬率19.7%；至於00646累積報酬率99.5%，年化報酬率14.8%。

0050跟00713這兩檔績效在伯仲之間，年化報酬率只差0.6%，但是00713的標準差小很多。而鎖定科技業的0052績效則最突出，相較投資整個台灣市場的0050，年化報酬率高了近10%，很顯然的，一直以來台灣科技業表現，確實優於其他產業。

4檔股票型ETF近5年表現

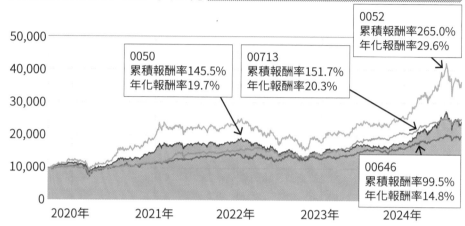

資料來源：怪老子整理　資料日期：2019/9/16～2024/9/13

表格是這4檔ETF及加權報酬指數最近5年，包括報酬率、標準差及夏普比率的表現。0052年化報酬率特別高，標準差也最高，夏普比率卻只有0.91。

夏普比率是每承擔一份風險，可以獲得的超額報酬，數值愈大

4檔股票型ETF vs.加權報酬指數報酬率及波動度比較

證券代號	證券簡稱	累積報酬率（%）	年化報酬率（%）	5年標準差（%）	夏普比率
00713	元大台灣高息低波	151.7	20.3	14.38	1.35
0050	元大台灣50	145.5	19.7	21.38	0.95
0052	富邦科技	265.0	29.6	26.40	0.91
00646	元大S&P500	99.5	14.8	17.02	0.69
	加權報酬指數	137.1	18.9	20.06	0.99

資料來源：怪老子整理，資料日期：2019/9/16～2024/9/13

愈好。從表格中可以看出，夏普比率最高的是00713，年化報酬率20.3%，標準差卻只有14.38%，所以夏普比率為1.35。

而00646是美股，報酬率比台股少，標準差17.02%雖不是很高，但夏普比率只有0.69。看來若不考慮政治風險，因為台股的表現確實比美股好，投資台股是優先選擇。

美國短中期公債ETF的報酬與波動

至於債券型ETF，除了TLT之外，當然也有其他值得推薦的標的。台灣債券型ETF持有的都是美國債券，美國債券ETF很早就已發行，台灣只不過複製其中的美債ETF而已，例如TLT追蹤ICE美國政府20+年期債券指數，2002年就發行了；而台灣第一支債券型ETF，是元大在2017年發行的00679B，追蹤指數跟TLT一樣，也可以說00679B就是TLT的複製品，投資績效當然相同，只是TLT為美元計價，而00679B為台幣計價。

除了00679B之外，其他的美債20年，例如00687B（國泰20年美債）以及00795B（中信美國公債20年），雖然追蹤指數不一樣，但持有的成分債幾乎雷同，投資人都可以考慮。舉例時我都使用TLT，主要是退休規劃需要以較長時間來拆解分析相關標的，而國內發行的美債20年ETF，成立時間都不夠長久，才會用TLT替代。

除了美債20年ETF之外，另外不錯的選擇是美債7～10年ETF，iShares於2002年發行IEF這檔7～10美國公債ETF，而國內投信則是在2017年推出複製產品，像是00697B（元大美債7-10）及00695B（富邦美債7-10），都是持有7～10年的美國公債，追蹤跟IEF相同的指數。

美債20年跟美債7～10年，唯一的差異是成分債的到期年數，一個是20年以上，另一個是7～10年。然而，債券價格的波動程度跟存續期間有關，存續期間又跟債券到期年數息息相關，也就是到期年數愈長，

美國短中長期公債ETF報酬率及波動度比較

證券代號	證券名稱	國內對等ETF	累積報酬率(%)	年化報酬率(%)	標準差(%)	夏普比率
TLT	iShares 20+ Year Treasury Bond ETF	00679B 00795B 00687B	93.51	3.17	14.38	0.10
IEF	iShares 7-10 Year Treasury Bond ETF	00695B 00697B	77.45	2.75	7.71	0.14
LQD	iShares iBoxx $ Investment Grade Corporate Bond ETF	00720B 00751B 00725B	112.0	3.62	7.47	0.26

資料來源：怪老子整理，資料日期：2003/6/25～2024/8/22

存續期間也會愈長。可想而知，美債20年的波動程度，一定高於美債7～10年，這也會反映在標準差上。從表格可以看到，TLT的標準差是14.38%，而IEF的標準差只有7.71%，但是TLT的年化報酬率3.17%，則高於IEF的2.75%。

TLT及IEF萬元績效走勢

資料來源：怪老子整理

資料日期：2003/6/25～2024/8/22

圖為TLT及IEF的萬元績效走勢圖，橙色線條是TLT，藍色線條為IEF，可以清楚看到這兩檔都是一路往上，但是TLT的波動程度比IEF大許多。正常情況下，波動程度愈大愈不好，但為什麼現在大家都買美債20年，卻很少人買美債7～10年，因為2024年以來利率一直處於相對高檔，只要聯準會降息就有價差可賺，波動愈大賺愈多；這讓本來是缺點的波動度，變成了優點。

▨ 國內投資級公司債ETF分兩類

再看公司債ETF，分為投資等級及非投資等級兩大類，美國發行的公司債ETF只有投資等級，例如iShares發行的LQD，這檔ETF在2024年9月12日到期殖利率4.79%，平均存續期間8.54年，平均到期年數13.31年，持有的成分債數量共2,800檔。

LQD成分債占比

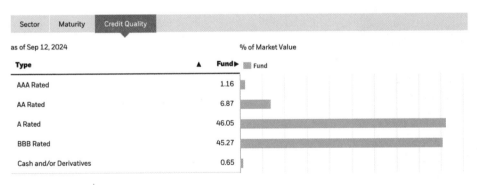

資料來源：iShares，資料日期：2024/9/12

LQD包含了所有投資等級的公司債，AAA的信用評等占1.16%，AA等級占6.87%，A等級占46.05%，BBB等級占45.27%，現金及衍生性

國內掛牌債券型ETF一覽

ETF類別	證券代號	證券簡稱
20+公債 (TLT)	00679B	元大美債20年
	00687B	國泰20年美債
	00764B	群益25年美債
	00768B	復華20年美債
	00779B	凱基美債25+
	00795B	中信美國公債20年
	00857B	永豐20年美公債
	00931B	統一美債20年
7-10公債 (IEF)	00695B	富邦美債7-10
	00697B	元大美債7-10
A-AAA級公司債 (LQD)	00746B	富邦A級公司債
	00751B	元大AAA至A公司債
	00754B	群益AAA-AA公司債
	00761B	國泰A級公司債
	00772B	中信高評級公司債
	00777B	凱基AAA至A級公司債
	00792B	群益A級公司債
	00836B	永豐10年A公司債
	00841B	凱基AAA-AA公司債
	00853B	統一美債10年Aa-A
	00942B	台新美A公司債20+
	00950B	凱基A級公司債

ETF 類別	證券代號	證券簡稱
BBB 級公司債 (LQD)	00720B	元大投資級公司債
	00725B	國泰投資級公司債
	00740B	富邦全球投等債
	00862B	中信投資級公司債
	00883B	中信 ESG 投資級債
	00890B	凱基 ESG BBB 債15+
	00937B	群益 ESG 投等債20+
	00948B	中信優息投資級債

資料來源：怪老子整理，資料日期：2024/9/13

商品占0.65%。國內發行的公司債ETF，沒有一檔跟LQD類似，都把投資等級債切割成兩大類，一個是A等級以上，另一則是BBB等級。

例如00751B（元大AAA至A公司債），就是持有AAA等級至A等級的成分債，而00720B（元大投資級公司債）持有的是BBB等級的成分債。會這樣切割的原因，主要是BBB等級會有較高的配息，獨立出來成立一檔ETF，避免若全部混在一起，配息會被A級債券稀釋。國內投信會這樣發行，相信也是國內投資人喜好配息的原因。

我把推薦的債券ETF做成表格，是以美國債券型ETF做大類別區隔，然後分別對應至國內發行的債券ETF，第一類是20年期美國公債，以TLT為代表，國內發行的產品共有8檔可選擇。第二類是7～10年美國公債，以IEF為代表，國內發行的產品只有2檔，一檔是富邦00695B，一檔是元大00697B。第三類及第四類都是公司債，以LQD為代表，

A-AAA級公司債有12檔,BBB級公司債也有8檔,加起來總共20檔。

債券主要是類別,像是公債、公司債,長天期及短天期,至於哪一檔不是那麼重要,因為表現都差不多。

▨ 退休前 vs. 退休後最佳組合

下方這個表格是我推薦的資產組合,分為退休前及退休後。退休前可承擔風險較高,曝險比率都設定100%,也就是沒有定存部位。而債券部位都用IEF,因為可以獲得較低的標準差,退休前5種組合的差別只有股債比率,視個人風險承受度自行選擇。

退休後組合則以6.0%的年報酬率為目標,股票部位雖然都是0050,但其實0052及00713也可以考慮。至於債券部位則分別以TLT、IEF及LQD做搭配。相信退休族只要做好配置,都可得到報酬滿意、波動平穩的目標,安心過生活。

退休前後股債配置組合推薦

時期	組合	定存	0050	TLT	IEF	LQD	年化報酬率	標準差
退休前	組合1	0%	100%		0%		11.29%	18.32%
	組合2	0%	90%		10%		10.68%	16.19%
	組合3	0%	80%		20%		10.00%	14.10%
	組合4	0%	70%		30%		9.28%	12.07%
	組合5	0%	60%		40%		8.49%	10.14%
退休後	組合1	40%	36%	24%			6.12%	6.64%
	組合2	15%	34%		51%		6.03%	5.87%
	組合3	32%	34%			34%	6.03%	6.79%

資料來源:怪老子整理,資料日期:2003/6/25～2024/8/22

退休前組合1：定存0%、0050 100%、IEF 0%

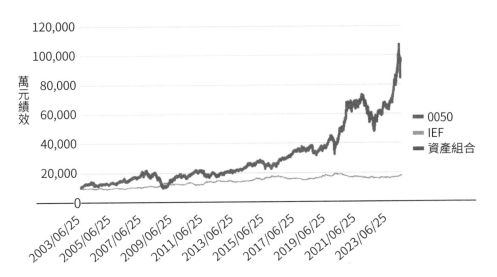

退休前組合2：定存0%、0050 90%、IEF 10%

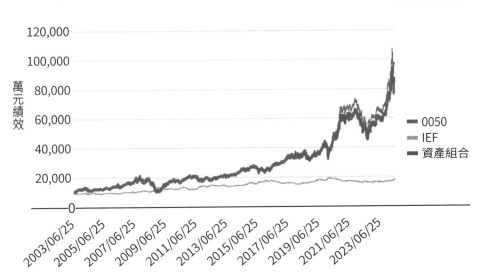

退休前組合3：定存0%、0050 80%、IEF 20%

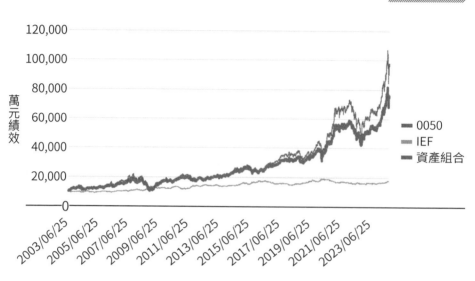

退休前組合4：定存0%、0050 70%、IEF 30%

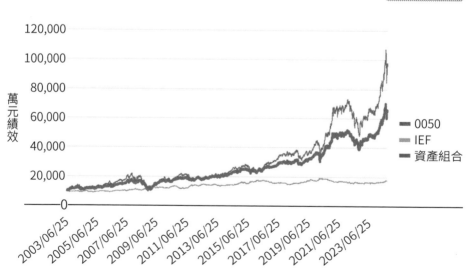

退休前組合5：定存0%、0050 60%、IEF 40%

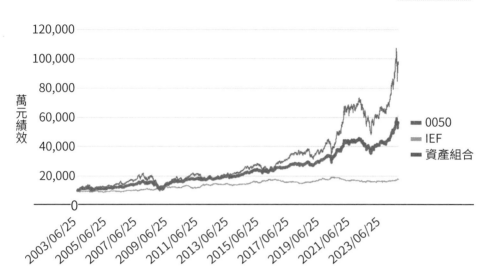

萬元績效

0050
IEF
資產組合

退休後組合1：定存40%、0050 36%、TLT 24%

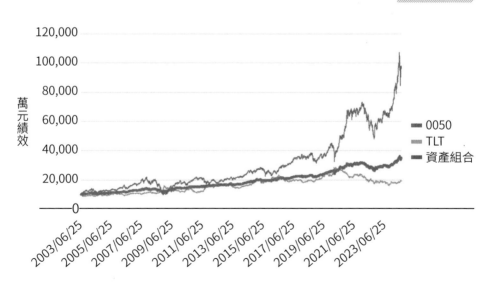

萬元績效

0050
TLT
資產組合

退休後組合2：定存15%、0050 34%、IEF 51%

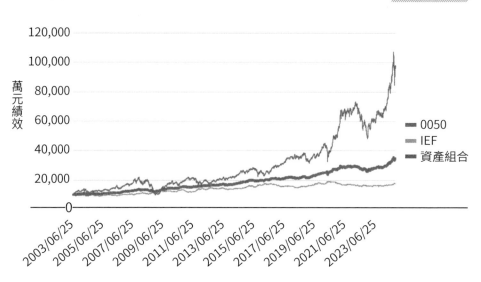

退休後組合3：定存32%、0050 34%、LQD 34%

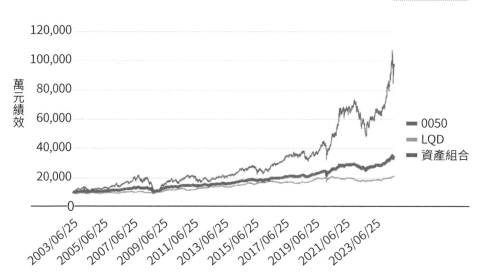

資料來源：怪老子整理，資料日期：2003/6/25～2024/8/22

Chapter 12

退休金永遠花不完密技
確保投資收益超過年生活費

重點摘要

▨ **1. 永遠用不完的退休金公式**

▨ **2. 好用的退休金乘數表**

▨ **3. 3種退休後股債組合回流測試**

實戰試算

▨ **1. 退休金乘數表計算用不完的退休金及提領金額**

▨ **2. 透過回流測試判斷退休後最佳股債組合**

「退休金永遠用不完」是人人都有興趣的議題。既然永遠用不完，身故時當然會有餘額留給遺屬，若能這樣就太完美了。只是要準備的退休金會不會很多呢？看完這章的解析，你會很訝異，所需要準備的退休金，只比正常的退休金多一點點。

永遠用不完退休金公式

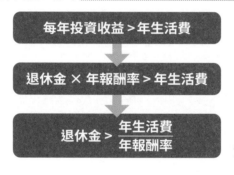

資料來源：怪老子整理

　　先從概念談起，只要每年的投資收益都可以大於年生活費，退休金自然永遠不會減少。而每年的投資收益，又等於退休金乘上年報酬率，於是只要退休金的金額，大於年生活費除上年報酬率，退休金就會永遠用不完。

　　例如每年生活費需求為60萬元，投資報酬率6%，那麼只要準備1,000萬元的退休金，這樣就可以產出每年60萬元的收益，剛好與年生

活費60萬元一樣，不用花到本金一毛錢，也就是退休金的1,000萬元本金都沒有動到。如此一來，退休金當然永遠用不完。

◎ 永遠用不完的退休金公式

但有一個小盲點要解決，若退休後才開始投資，需等到1年後才有投資收益，那退休第一年的生活費要從哪裡來？所以退休金需求還要再加上第一年的生活費才行。因此，我們將「永遠用不完的退休金公式」略微修正如下：年生活費除上年報酬率後，再乘上（1+年報酬率）。

$$永遠用不完退休金 = \frac{年生活費}{年報酬率} + 年生活費 = \frac{年生活費}{年報酬率} \times (1 + 年報酬率)$$

舉個例子來說，若每年生活費為60萬元，每年報酬率6%，兩者相除得到的金額是1,000萬元，再乘上1.06（1+6%），為1,060萬元。只要你有1,060萬元退休金，扣除第一年用掉的60萬元，還有1,000萬元本金，每年投資報酬率6%，那麼，每年底都能產出60萬元的投資收益，剛好用來支付未來一年的生活費用，重要的是，1,000萬元的退休金都沒有減少；依此類推，第2年、第3年都一樣，直到永遠。而且因為退休金永遠都用不完，身故後，退休金餘額還可留給小孩。

但每年生活費得隨著通貨膨脹率調整才行，否則購買力會逐年下降。所以，上述公式得再調整如下：

$$永遠用不完退休金 = \frac{年生活費}{年報酬率 - 通貨膨脹率} \times (1 + 年報酬率)$$

把年報酬率減掉通貨膨脹率，才是有效報酬率。只要知道年生活費、年報酬率及通貨膨脹率，就可以算出永遠用不完退休金究竟需要多少金額。例如每年生活費60萬元，通貨膨脹率1.5%，年報酬率6%，用上述公述計算，答案就是1,413萬3,333元。

看起來似乎不是大家想像的天文數字，那如果用正常退休公式計算，不需要永遠都用不完，只要能用到100歲，這樣需要多少金額呢？答案是1,104萬元。也就是永遠用不完退休金只多了309萬元。

退休金需求線上試算

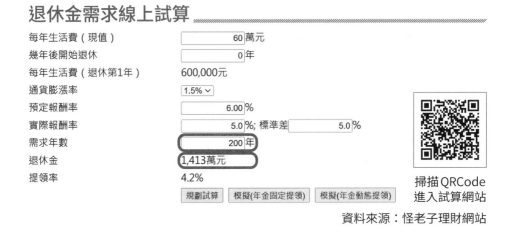

資料來源：怪老子理財網站

想要知道用不完退休金的金額，也可以用怪老子理財網站的「退休金需求線上試算」計算，只要把需求年數改為200年，得到的答案，就會跟剛剛用公式計算的完全一致，都是1,413萬元。

▧ 好用的退休金乘數表

除了用公式或線上試算之外，還有更簡單的方式，直接查表就可以了。把永遠用不完退休金的公式調整一樣，下頁紅線框起來的部分，就

退休金乘數

$$退休金 > \frac{年生活費}{年報酬率 - 通貨膨脹率} \times (1 + 年報酬率)$$

$$退休金 > 年生活費 \times \overbrace{\frac{(1 + 年報酬率)}{年報酬率 - 通貨膨脹率}}^{退休金乘數}$$

資料來源：怪老子

退休金乘數表

	投資報酬率					
	2.0%	**2.5%**	**3.0%**	**3.5%**	**4.0%**	**4.5%**
1.0%	102.00	68.33	51.50	41.40	34.67	29.86
1.5%	204.00	102.50	68.67	51.75	41.60	34.83
2.0%		205.00	103.00	69.00	52.00	41.80
2.5%			206.00	103.50	69.33	52.25
3.0%				207.00	104.00	69.67
3.5%					208.00	104.50
4.0%						209.00

（通貨膨脹率）

	投資報酬率						
	5.0%	**5.5%**	**6.0%**	**6.5%**	**7.0%**	**7.5%**	**8.0%**
1.0%	26.25	23.44	21.20	19.36	17.83	16.54	15.43
1.5%	30.00	26.38	23.56	21.30	19.45	17.92	16.62
2.0%	35.00	30.14	26.50	23.67	21.40	19.55	18.00
2.5%	42.00	35.17	30.29	26.63	23.78	21.50	19.64
3.0%	52.50	42.20	35.33	30.43	26.75	23.89	21.60
3.5%	70.00	52.75	42.40	35.50	30.57	26.88	24.00
4.0%	105.00	70.33	53.00	42.60	35.67	30.71	27.00

（通貨膨脹率）

資料來源：怪老子

是退休金乘數，只要將每年生活費乘上退休金乘數，就是永遠用不完的退休金了。退休金乘數包含兩個變數，一個是年報酬率，另一個是通貨膨脹率，兩個變數的數值確定了，就可以得到退休金乘數。

退休金乘數表的每一欄代表一個投資報酬率，每一列代表一個通貨膨脹率，欄列相交那一格的數值就是退休金乘數。例如投資報酬率6％，通貨膨脹率1.5％，那麼退休金乘數就是23.56。如果每年生活費為60萬元，只要乘上23.56，就可以知道永遠用不完的退休金是1,413萬元；每年生活費若要100萬元，永遠用不完的退休金就是2,356萬元。

如果投資報酬率為8％，通貨膨脹率設定為2％，乘數就是18。倘每年生活費為60萬元，乘上18，永遠用不完的退休金是1,080萬元；若需求為100萬元，乘上18，那麼，永遠用不完的退休金就是1,800萬元。

只是，實務上每年報酬率都不一樣，也就是每年的退休金餘額可能上升，也可能下降。每年生活費提領若不跟著調整，退休金餘額無法保證永遠用不完。因此，最好的方式是動態調整每年可提領的金額；方法也很簡單，每年可提領的金額，就是每一年結算後的實際退休金餘額除上乘數，即可得到下一年度可用的生活費。

例如投資報酬率6.0％，通貨膨脹率1.5％，退休金乘數23.56倍。退休時剛好有1,413萬元的退休金，除上23.56，當然就是可提領的金額、約60萬元。萬一不幸，退休時只能累積1,000萬元，並不是如規劃的1,413萬元，這時候就得調整提領金額，不再是60萬元，否則退休金不可能永遠用不完，而此時只要將實際退休金1,000萬元除上退休金乘數23.56，就是42萬4,448元。

相對來說，若是退休時剛好遇到股市大多頭，退休金結餘提高至2,000萬元，也是只要將2000萬元除上乘數23.56，就知道每年可提領約85萬元。

其實，不只是退休時規劃退休金的金額，不會等於實際擁有的退休金；退休後每一年，因應當年度報酬率的不同，退休金會變大或縮水，加上可能的生活費透支或有剩餘，都會造成退休金餘額的變化，但只要有「退休金乘數表」，將退休金餘額除上退休金乘數，就會知道大概可以提出多少金額，當成下一年度的生活費。而只要每年這樣調整，保證退休金用不完！

3種退休後股債組合回流測試

雖然動態調整每年生活費用，可以讓退休金永遠都用不完，但是退休金的資產也不能有太大波動，否則會造成各年度提領金額波動過大，也不是退休族樂見的事。

第11章我提出了3個退休後的資產組合，現在就用這幾個組合做回

退休後股債組合1 回流測試

回流測試（40%定存＋36% 0050＋24% TLT）

資料來源：怪老子整理，資料日期：2003/6/30～2024/7/31

流測試，看看動態調整提領金額，會產生什麼樣的結果。

　　組合1為定存40％、0050（元大台灣50）36％、TLT（美債20年）24％，年化報酬率6.12％，標準差6.64％。藍色線是退休金餘額，橙色直條圖是每月提領金額，提領金額每年底調整一次，供12個月生活費用。

　　可以看出，退休金結餘確實會上下波動，但方向是一路往上。另外，橙色的直條圖雖然每年度提領金額不一樣，上下波動，但幅度不會很大，即便2008年遇到金融海嘯，每月可提領金額也沒有下降很多。而這絕對是退休族期待的狀態。

退休後股債組合2 回流測試

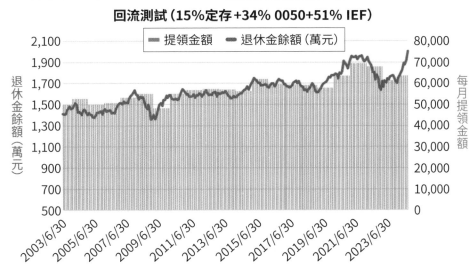

回流測試（15%定存 +34% 0050+51% IEF）

資料來源：怪老子整理，資料日期：2003/6/30～2024/7/31

　　組合2的回流測試，定存15％、0050 34％、IEF（美債7～10年）51％，年化報酬率6.03％，標準差5.87％。可以看到結果跟組合1沒有很大差異，但該組合定存只有15％，我自己會覺得比較沒有安全感。

至於第3個組合，定存32％、0050 34％、LQD（投資等級公司債）34％，年化報酬率6.03％，標準差6.79％。雖然跟前面2個組合稍有差異，但大致相同。個人覺得這組合還不錯，配置了0050與投資等級公司債ETF，又有32％的定存，可以讓人安心。

退休後股債組合3 回流測試

回流測試（32%定存+34% 0050+34% LQD）

退休金餘額（萬元） / 每月提領金額

資料來源：怪老子整理，資料日期：2003/6/30～2024/7/31

我知道年輕人或許會對定存嗤之以鼻，但退休族就不一樣了，我自己就是退休族，所以擁有一定比例的定存，確實可以讓我好好的睡覺。而且該組合有68％投入在股債，曝險比率嚴格來講也不低。

接下來，再看一個全部持有0050的組合，年化報酬率11.3％，標準差18.32％，從回流測試圖可以看到每年落差很大，尤其是金融海嘯的時候，資產淨值大幅下跌，當然每月可提領金額也大幅下降。

退休後100%持有0050 回流測試

回流測試（100% 0050）

退休金餘額（萬元）・每月提領金額

資料來源：怪老子整理，資料日期：2003/6/30～2024/7/31

　　退休後若採用這樣的配置，心臟得要很強喔。這是一個錯誤示範，只是想讓大家知道資產波動大的影響。

　　這章節主要介紹「永遠用不完的退休金」，想告訴大家的是，需要準備的金額並不是天文數字，只比正常的規劃金額多出約30%。對於退休金比較充裕，又希望能夠留給小孩資產的人來說，確實是一個不錯的規劃方式。

　　而且只要查表或簡單計算，就可以得到退休金乘數，以及每年可以提領多少生活費；隔年也只要再將當年退休金結餘，除上退休金乘數，就知道下一年度可以提領多少生活費了，簡單又實用！

PART V

關於退休金規劃誤區

Chapter 13

市值型優於高股息ETF的理由
別讓退休金累積慢半拍

重點摘要

░ 1. 配息放定存 vs. 滾入投資比一比

░ 2. 少了複利效果 退休金累積慢半拍

░ 3. 學會投資 退休金輕鬆多1倍

實戰試算

░ 1. 一表看配息滾入與未滾入投資長期績效差異

░ 2. 過去17年高股息與市值型 ETF 報酬比較

░ 3. 投資報酬率對退休金累積，及退休後提領
金額的影響

退休前與退休後的投資方式不一樣，退休前著重於快速累積退休金，退休後只能靠投資收入支應生活費用，著重於穩定現金流的產出。

　　我看到很多上班族選擇高股息ETF，而不是投資較高報酬率的市值型ETF，覺得很可惜。當然，如果收到股息會再投入，倒也不會影響太多報酬，只是若這樣，何不乾脆投資市值型ETF？

　　那麼，為什麼上班族會選擇高股息ETF？一方面認為買高股息ETF，定期可以看到現金流入帳戶，而且還比市值型ETF的息收來得好；另一方面，則是認為買高股息ETF不用積極操作，很輕鬆。

　　其實，投資不能只看配息，也不能只看價差，而是必須兩者兼顧，也就是總報酬的概念。複利效果可以加速資產成長，而資產是否具有複利效果，完全取決於投資收益是否再投入。收到配息後沒有再投入，就沒有複利效果；相對來說，配息必須再投入創造複利，資產才會爆炸性成長。

配息放定存 vs. 滾入投資比一比

　　以老牌的高股息ETF：元大高股息（0056）為例，我做了一個試算，看看領息放定存及配息再投入，兩種投資方式會有什麼樣的差異。試算假設起始資金為1萬元，期間從0056成立日2007/12/13至2024/9/16為止。成立日價格1單位為25元，所以可以持有400個單位數。

　　若是領息放定存，累積單位數不會增加，從頭至尾就都是400單位，不過，配息放銀行定存，期末累積現金為1萬791元。至於若是配息再投入，則是除息當天用收到的配息，再買入0056零股，如此，累積單位數將從一開始的400單位，到最後會擁有968單位，期末累積配息則為0。

0056(元大高股息) 萬元績效走勢圖

資料來源：怪老子整理　資料時間：2007/12/13～2024/9/16

　　上圖是兩種投資方式的萬元績效走勢圖，藍色線條是領息放定存績效，橙色線條是配息再投入績效。可以看到兩種投資方式，一開始沒有太大差異，但時間久了，期末淨值就拉開來了。

　　表格是兩種投資方式的彙總，領息後存定存，會有1萬791元的累積配息金額，到了最後淨值為2萬5,939元，累積報酬率159.4％，年化

配息放定存 vs. 再投入報酬率比較

配息 處理方式	累積配息	累積 單位數	期末淨值	累積報酬率	年化 報酬率
領息放定存	10,791元	400	25,939元	159.4%	5.9%
配息再投入	0	968	36,658元	266.6%	8.1%

資料來源：怪老子整理　資料時間：2007/12/13～2024/9/16

報酬率僅5.9%；而配息再投入，雖然累積配息金額為0，但是累積單位數卻提升至968單位，最後淨值達到3萬6,658元，累積報酬率266.6%，年化報酬率8.1%。

　　但其實上班族不只買高股息ETF，配息必須再滾入投資外，更應積極投入獲利較高的市值型ETF，例如0050（元大台灣50）或者0052（富邦科技）。圖為0056、0050、及0052的萬元績效走勢，都是配息再投入，

0056、0050、0052萬元績效走勢圖

資料來源：晨星網頁　資料時間：2007/12/13～2024/9/18

可以看到這3檔的走勢都是向上，只是幅度不同而已。

0052獲利最高，但波動程度最大，也就是風險相對高，這是我最推薦0050的原因，雖然獲利比不上0052，但是波動風險比0052低；至於高股息ETF則是3檔中表現落後的。而這張圖可以證明長期來說，市值型ETF優於高股息ETF。

少了複利效果 退休金累積慢半拍

國內投資者對配息的要求有些走火入魔，不只要求高配息率，還希望每月都要配息。於是投信發行的ETF，配息率愈配愈多，配息次數也愈頻繁，原因很簡單，這樣ETF才會吸引投資人的目光。然而，ETF配出來的股息，真的是成分股收到的配息嗎？如果配出來的是本金，對總報酬一點幫助都沒有。

要知道配息次數愈多，投信公司內部作業愈繁複，產生的費用都是投資者要自行吸收，這樣就會侵蝕有效報酬率。早期的ETF幾乎都是一年配一次息，例如0056在2022年以前都是年配，後來改為半年配，自2024年起才又變成季配。

不只這樣，就連債券型ETF也有月配息。ETF的成分股或者是成分債，還沒配發出來的股息或債息，都保留在它的淨值中，不會不見，急著配發出來，難道是為了要早一點花掉嗎？如果真是這樣，就犯了投資大忌，因為沒了複利效果，退休金累積的速度就變慢了。

再來，高股息ETF配出來的息，並不完全都是成分股所收到的股息，如果配出來的股息，比成分股所收到的配息還要多，顯然就是配到了本金，等於是把投入的金額又抽回來一些，這樣在高興什麼呢？

舉例來說，0056在2024/7/16除息日的收益分配明細，股利所得占比只有18.97％，收益平準金占比26.92％，已實現資本利得占比

0056收益分配組成占比

預估收益 分配組成占比	1. 股利所得占比18.97%
	2. 利息所得占比0.00%
	3. 收益平準金占比26.92%
	4. 已實現資本利得占比54.11%
	5. 其他所得占比0.00%

資料來源：公開資訊觀測站，2024/7/16

54.11％；其中，收益平準金可看成是股利所得，而這次的配息，股利所得加上收益平準金，還不到50％，也就是有一半的收益是來自價差。當然，資本利得也是收益的一種，並不是不可取，只要投資人不要誤認此為股息收入即可。

更重要的是，我發現喜好高股息的投資者，不會把收到的配息再投入。這類族群投資屬性較保守，也都會持有部分的銀行定存。當定存到期後，除非急需用錢，否則利息會續存。同樣都是收益，一個是利息，另一個是股息，為何對配息的處理方式會不一樣？因為定存保證獲利，而股票卻沒有保證。

追根究底就是對投資股票沒有信心，看到股票價格上上下下，某些年度獲利，某些年度虧損，沒一個準，感覺像在賭博。所以，當收到股票配出來的息，就好像贏了錢，只想趕快落袋為安，不願意再拿出來；擔心若是再拿去賭，萬一輸掉不就全都沒了。

我不斷強調，投資很簡單，只要找到具備源源不斷現金流入的商品，可以不用理會短期的價格波動，就能有不錯的獲利。例如房地產投

資，除了有買賣價差之外，也有包租公的選項，租金收入就是源源不斷的現金流入。只是包租公的缺點是，需要現金時無法部分變現，總不能只賣廚房或臥室。

事實上，股票只要選擇績優股，例如鴻海、中華電等公司股票，也可以有源源不斷的配息收入，只是沒有保證配息這回事。而面對股票的現金流入不確定風險，只要透過ETF持有一籃子每年都有盈餘的績優股，年年都可收到配發的股利，不就有源源不斷的現金流入。這樣還擔心什麼呢？

債券的利息收入，也可以看成源源不斷的現金流入，雖然債券有到期日，只要到期再買入新債券就好，就好似定存到期續存一樣。比較需要留意的是，萬一遇到債券發行機構違約，到時不只利息沒有了，本金也收不回來，為了避免遇到萬一的狀況，只要買進債券型ETF就好，因為持有一籃子美國公債，或者投資等級公司債，每年都可以收到配發的利息，即便真的有債券發行機構違約，也只是部分影響配息。

學會投資 退休金輕鬆多1倍

總體來說，不論退休前還是退休後，最重要關鍵因素，就是要學會投資，才能有效提升投資報酬率。退休前，相同的投入金額，較高報酬率能累積的退休金愈多；退休後，相同的退休金，投資的報酬率愈高，每月可領到的生活費愈高。只是報酬率愈高，風險也會隨之增加。

很多保守的退休族，不了解報酬率的重要性，只敢把錢放定存，幾乎只能靠節約讓退休金不至於枯竭。但只要多承擔一點風險，就能夠提升報酬率，過著更舒適的退休生活。

下表是投資35年可累積的退休金金額，每一欄為每月定期定額的金額，每一列為投資報酬率數值，欄列交叉的金額，就是期末累積的退休

金。例如退休金需求為1,200萬元，如果只會把錢放銀行定存，即便年利率2.0%，每個月也得投入2萬元；相對來說，如果投資報酬率可以拉高到8.5%，每個月只要投入5,000元就足夠了，可見投資報酬率的影響之大。

定期定額投資35年退休金累積一覽表

每月定期定額之金額

投資報酬率	5,000元	10,000元	15,000元
1.5%	2,754,281元	5,508,563元	8,262,844元
2.0%	3,027,067元	6,054,135元	9,081,202元
2.5%	3,333,287元	6,666,574元	9,999,862元
3.0%	3,677,340元	7,354,680元	11,032,020元
3.5%	4,064,216元	8,128,432元	12,192,648元
4.0%	4,499,577元	8,999,154元	13,498,732元
4.5%	4,989,848元	9,979,695元	14,969,543元
5.0%	5,542,315元	11,084,630元	16,626,945元
5.5%	6,165,246元	12,330,493元	18,495,739元
6.0%	6,868,020元	13,736,040元	20,604,060元
6.5%	7,661,273元	15,322,545元	22,983,818元
7.0%	8,557,068元	17,114,136元	25,671,204元
7.5%	9,569,086元	19,138,173元	28,707,259元
8.0%	10,712,838元	21,425,676元	32,138,514元
8.5%	12,005,907元	24,011,813元	36,017,720元
9.0%	13,468,223元	26,936,447元	40,404,670元
9.5%	15,122,375元	30,244,750元	45,367,125元
10.0%	16,993,955元	33,987,910元	50,981,865元

投資報酬率

資料來源：怪老子整理

每月定期定額之金額

投資報酬率	20,000元	25,000元	30,000元
1.5%	11,017,126元	13,771,407元	16,525,689元
2.0%	12,108,269元	15,135,337元	18,162,404元
2.5%	13,333,149元	16,666,436元	19,999,723元
3.0%	14,709,360元	18,386,700元	22,064,039元
3.5%	16,256,864元	20,321,080元	24,385,295元
4.0%	17,998,309元	22,497,886元	26,997,463元
4.5%	19,959,391元	24,949,238元	29,939,086元
5.0%	22,169,259元	27,711,574元	33,253,889元
5.5%	24,660,985元	30,826,231元	36,991,478元
6.0%	27,472,079元	34,340,099元	41,208,119元
6.5%	30,645,091元	38,306,363元	45,967,636元
7.0%	34,228,273元	42,785,341元	51,342,409元
7.5%	38,276,345元	47,845,432元	57,414,518元
8.0%	42,851,352元	53,564,189元	64,277,027元
8.5%	48,023,626元	60,029,533元	72,035,439元
9.0%	53,872,893元	67,341,116元	80,809,340元
9.5%	60,489,501元	75,611,876元	90,734,251元
10.0%	67,975,820元	84,969,775元	101,963,730元

投資報酬率

資料來源：怪老子整理

　　即便到了退休後，投資報酬率仍然扮演著重要角色，右頁表格是退休後每月可提領的生活費，每一欄是不同的累積退休金金額，每一列為投資報酬率，欄列交叉就是每月可提領的金額。例如退休時累積退休金為1,200萬元，若只敢把錢放定存，每月可提領金額為3萬9,575元；但假若投資報酬率為6%，每月可提領金額將提高約1倍、為6萬6,821元。

　　最後，準備退休養老，只要做好規劃、執行、及調整這3步驟，每個步驟做到位，就能讓你的退休生活，過得安心舒適。有了實際可執行

退休金每月可提領金額一覽表

累積退休金額

投資 報酬率	1,000 萬元	1,200 萬元	1,400 萬元	1,600 萬元	1,800 萬元	2,000 萬元
1.5%	30,531元	36,637元	42,743元	48,849元	54,955元	61,061元
2.0%	32,979元	39,575元	46,171元	52,766元	59,362元	65,958元
2.5%	35,525元	42,630元	49,736元	56,841元	63,946元	71,051元
3.0%	38,165元	45,798元	53,431元	61,065元	68,698元	76,331元
3.5%	40,894元	49,073元	57,252元	65,431元	73,609元	81,788元
4.0%	43,706元	52,448元	61,189元	69,930元	78,672元	87,413元
4.5%	46,597元	55,917元	65,236元	74,556元	83,875元	93,194元
5.0%	49,561元	59,473元	69,385元	79,297元	89,209元	99,122元
5.5%	52,592元	63,110元	73,629元	84,147元	94,665元	105,184元
6.0%	55,685元	66,821元	77,958元	89,095元	100,232元	111,369元
6.5%	58,834元	70,600元	82,367元	94,134元	105,901元	117,667元
7.0%	62,034元	74,441元	86,847元	99,254元	111,661元	124,068元
7.5%	65,280元	78,336元	91,392元	104,448元	117,504元	130,559元
8.0%	68,566元	82,280元	95,993元	109,706元	123,420元	137,133元

投資報酬率

資料來源：怪老子整理

的退休規劃，才知道方向要怎麼走，每月得存下多少錢，要投資什麼標的，該如何投資。

　　但有了相關規劃，得按步就班執行，否則空有規劃，沒有執行也是沒用。而執行後的成效，必然跟規劃不一致，這時候就得做調整，才能夠往目標前進。

Chapter 14

誰說打造現金流要靠高配息

0050 vs.4 檔人氣高股息 ETF 大 PK

重點摘要

▨ 1. 高股息 ETF 必然排除高成長公司

▨ 2. 高股息 ETF vs. 市值型 ETF 大比拚

▨ 3. 月提領5萬 高股息與市值型 ETF 淨資產變化

實戰試算

▨ 1. 人氣高股息 ETF 自成立以來與0050績效比較

▨ 2. 投入千萬月領5萬，實算0050比00878結
餘多出263萬

很多人以為退休後的生活費用，全都得依賴投資收入，所以應該買現金配息高的股票及債券，於是高股息ETF或者投資等級債券ETF，被認為是退休後最適合的投資標的。

但其實不是這樣，不論是任何型態的ETF，變現性都非常高，需要現金時，賣掉部分持股就有了。只是持有的股數會減少，但只要價值維持不變，或甚至成長，就是值得持有的退休金資產，不需要糾結在是否高配息，或月月領息。

再次強調，投資看的不只配息，也不能只看價差，必須是配息加上價差的總報酬，才是最後衡量的標準，且不論退休前或退休後都一樣。

即便每月有現金需求，只要投資總報酬比較高的標的，現金提領後的資產淨值也一定比較高，下面我會用市值型0050（元大台灣50）、及高股息型00878（國泰永續高股息），做回流測試驗證給大家看。

高股息ETF必然排除高成長公司

我知道很多人喜歡高股息ETF，但是市值型ETF的總報酬會更好，主要理由是高股息ETF的成分股，必然會排除盈餘成長的個股。

這是因為盈餘會成長的公司，需要更多的資金進行資本支出以擴充設備及廠房，而最便宜的資金來源就是公司的盈餘，倘若盈餘配多了，能投資的金額就少了；所以盈餘一年比一年多的股票，能配出來的現金

台積電年度每股獲利及股利配發

■ 每股盈餘　　■ 現金股利　　■ 股票股利　　　　　資料來源：怪老子

比率一定比較低，也由於配息低，因此會被高股息ETF排除。

　　台積電（2330）就是最佳例子，不只每股盈餘一年比一年多，現金配息也一年比一年多，但每年配發回來的現金，卻只是當年盈餘的一小部分。圖為台積電最近8年的每股盈餘及現金配息，藍色長條為每股盈餘，紅色長條為每股現金配息，2016年時，每股盈餘只不過12.89元，現金配息每股7元，配發率54.3%。到了2023年時，每股盈餘已經成長至32.34元，現金配息雖也有增加、為13元，但是配發率卻掉到40.2%。

　　台積電這8年來每股盈餘成長150%，現金配息也成長86%，但配發率卻不到一半；何況AI前景好，半導體需求更大，這種好股票當然難得。

　　然而，沒有任何一檔掛牌的高股息ETF會納入台積電，因為換算現金殖利率並不符合高股息ETF的選股條件。但投資人不知道的是，其實沒配發出來的股息已反映在股價上了。

高股息 ETF vs. 市值型 ETF 大比拚

不是說高股息 ETF 不好，只是市值型 ETF 更好而已。我選了幾檔被投資者看好的高股息 ETF，像是0056（元大高股息）、00713（元大台灣高息低波）、00878、00919（群益台灣精選高息）、00940（元大台灣價值高息），用萬元績效來跟0050比較看看。

萬元績效是假設投入1萬元，把配息還原後的實際淨值，也就是配息加上價差的淨值。由於每一檔 ETF 發行日不一樣，所以我以每檔 ETF 的成立日截至2024/9/20的績效來做比較。

期間1. 近6個月6檔 ETF 比拚：0050摘冠

先從最近期發行的00940，自成立日2024/3/18至2024/9/20的期間來看，可以看出每一檔的走勢都類似，只是幅度不一樣。

5檔高股息 ETF 與0050 萬元績效走勢

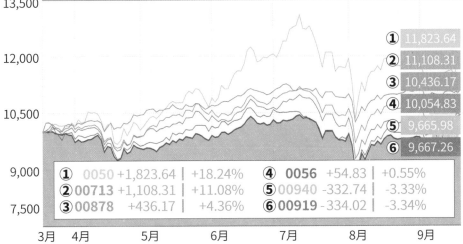

①	0050	+1,823.64	+18.24%		
②	00713	+1,108.31	+11.08%		
③	00878	+436.17	+4.36%		
④	0056	+54.83	+0.55%		
⑤	00940	-332.74	-3.33%		
⑥	00919	-334.02	-3.34%		

① 11,823.64
② 11,108.31
③ 10,436.17
④ 10,054.83
⑤ 9,665.98
⑥ 9,667.26

資料來源：晨星，資料時間：2024/3/18～2024/9/20

181

績效最好的是0050、報酬率達18.24％，接著是00713報酬率11.08％，00878是4.36％，0056是0.55％，00940是-3.33％，00919則是-3.34％。所有高股息ETF的萬元績效都比0050還要差。

5檔高股息ETF與0050投資績效比較

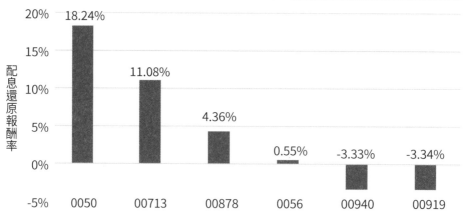

資料來源：怪老子整理，資料時間：2024/3/18～2024/9/20

期間2. 近2年5檔ETF比拚：0050第一

接著看00919成立後的各檔ETF表現，期間為2022/10/13至2024/9/20，可以看到近兩年期間，還是以0050最好、還原報酬率96.95％，其次是00713還原報酬率為90.10％，0056為84.49％，00919為81.74％，00878則是65.96％。而這兩年檔檔獲利，只是獲利多還是少的問題而已。

4檔高股息ETF與0050 萬元績效走勢

①	0050	+9,694.87	+96.95%
②	00713	+9,010.37	+90.10%
③	0056	+8,448.84	+84.49%
④	00919	+8,174.40	+81.74%
⑤	00878	+6,595.94	+65.96%

① 19,694.87
② 19,010.37
③ 18,446.84
④ 18,174.40
⑤ 16,595.94

資料來源：晨星，資料時間：2022/10/13～2024/9/20

4檔高股息ETF與0050投資績效比較

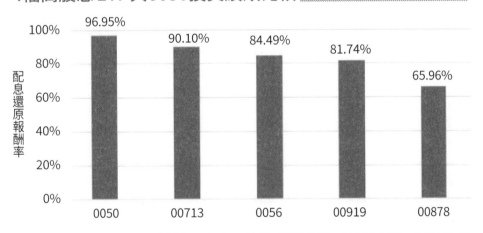

資料來源：怪老子整理，資料時間：2022/10/13～2024/9/20

期間3. 長期4年4檔 ETF：00713勝出

再看00878成立後，各檔ETF的績效表現，期間為2020/7/10至2024/9/20，這次換00713的績效最好、達142.75％，0050排名第2為116.10％，接著是00878的92.11％，0056則是78.44％。

3檔高股息 ETF 與0050 萬元績效比較

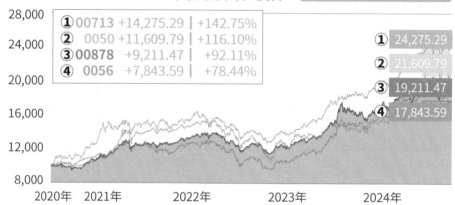

資料來源：晨星，資料時間：2020/7/10～2024/9/20

3檔高股息 ETF 與0050投資績效比較

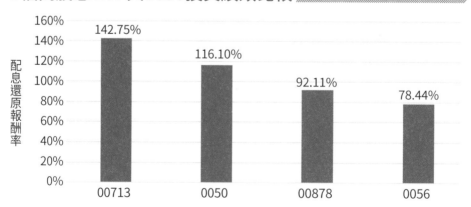

資料來源：怪老子整理，資料時間：2020/7/10～2024/9/20

期間4. 長期7年3檔ETF比拚：00713最佳

至 於00713成 立 後，也 就 是 自2017/9/19至2024/9/20期 間，各檔ETF的表現如何呢？結果是00713最高、達192.26％，0050第2為175.07％，0056則為133.87％。

00713、0056與0050 萬元績效走勢

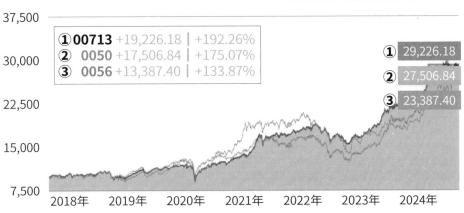

①**00713**	+19,226.18	+192.26%	
② 0050	+17,506.84	+175.07%	
③ 0056	+13,387.40	+133.87%	

① 29,226.18
② 27,506.84
③ 23,387.40

資料來源：晨星，資料時間：2017/9/19～2024/9/20

00713、0056與0050投資績效比較

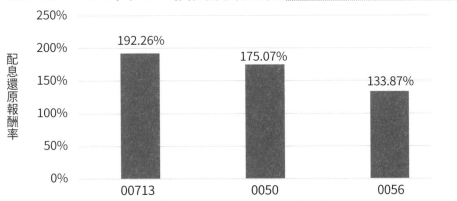

資料來源：怪老子整理，資料時間：2017/9/19～2024/9/20

期間5. 長期近17年0050與0056比拚：0050穩贏

最後看看從0056成立日2007/12/13至2024/9/20的期間表現，績效表現比較好的是0050、達429.73%，0056只有273.26%，兩者的差距不小。

從這些數據來看，0050表現相對穩定，不論長期或短期都有不錯的表現，尤其最近一、兩年，都比熱門高股息ETF還要好。而雖然從00713成立日起，00713確實表現得比0050好，但是最近兩年卻比0050差，穩定度也沒有0050好。

若不看市值型ETF，單單從高股息ETF來論，00713自成立日開始，表現得都比其他高股息ETF還要好。結論，我還是喜歡0050，如果一定要選高股息ETF，我會挑00713。

0056與0050 萬元績效比較

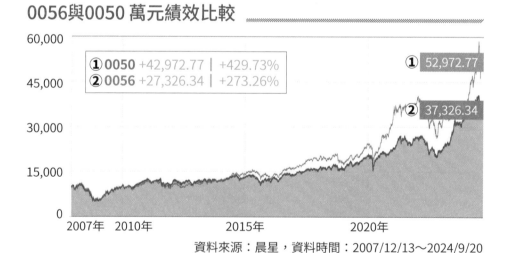

資料來源：晨星，資料時間：2007/12/13～2024/9/20

0056與0050投資績效比較

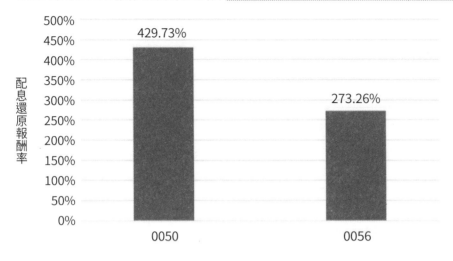

資料來源：怪老子整理，資料時間：2007/12/13～2024/9/20

月提領5萬 高股息與市值型 ETF 淨資產變化

最後，我要解釋大家經常問的一個問題，那就是高股息ETF有較高的現金配息，不是比較適合當作退休後的資產嗎？我做了一個回流測試的試算，假設退休金1,000萬元，每月初都提領5萬元當生活費，期間是從00878成立日2020/7/10開始至2024/9/20為止，試算退休金投資在0050及00878這兩檔ETF，最後的資產淨值會剩下多少。

退休金千萬、月提領5萬 0050 vs. 00878期末淨值

證券代號	期末淨值(元)	期末現金餘額(元)	總提領現金(元)
0050	1,8060,000	0	2,500,000
00878	1,5430,000	1,028,591	2,500,000

資料來源：怪老子整理，資料時間：2020/7/10～2024/9/20

判斷邏輯是這樣的，投入退休金的金額一樣，提領出的現金總額也是一樣，最後退休金淨值剩下愈多的就愈好。試算的結果是，退休金投入1,000萬元，從2020/7/10至2024/9/20，每月提領5萬元，總共提領了4年多，投資標的0050或00878，總提領金額都是250萬元，到了期末0050的淨值餘額為1,806萬元，而00878餘額只有1,543萬元，顯然0050比較具有優勢。

0050的現金配息雖然比較少，當然配息不夠支付每月的生活費，不足時必須賣出部分股數支應不足的生活費，所以期末現金餘額為0。而00878現金配息比較多，期末現金餘額還有102萬8,591元，但是到了期末，股票淨值加上現金餘額卻只有1,543萬元，少於0050的1,806萬元。

進一步看，退休金若投資於00878，期末淨值及現金餘額的走勢圖

退休後月提領5萬試算：以00878為例

資料來源：怪老子整理，資料時間：2020/7/10～2024/9/20

如前頁，藍色的粗線條是期末淨值，即便每月提領5萬元，仍然緩步往上走。橙色線條為現金餘額，每次往上跳就是收到配息，每往下走一階就是提領一次生活費，每季配息一次，每月領一次生活費，所以橙色線條是進一退三。

00878成立日股價15元，以千萬元買進，一開始持有股數66萬6,667股，收到配息以前，每一個月都得賣股求現金，直到2020/11/17第一次配息，股數剩65萬3,025股，每股配息0.05元，收到配息只有3萬2,651元，還不足以提領一個月的生活費呢，所以橙色線條只往上跳一點點，下來不到一階就回到樓地板了。

究其原因，是00878當時還沒有平準金機制，太多人搶購高股息，配息才會被稀釋掉。即便第2次配息，也只夠支付兩個月的生活費，橙色線條第2次也跳得不夠高，往下走兩階就回到樓地板，也就是還有一個月要賣股。

直到2021/5/18那次配息之後，每一季的現金配息已足夠支付3個月生活費，所以橙色線條往上跳，再往下走3階都不會碰到樓地板了，之後每季配息後，現金餘額愈墊愈高一路往上，從此就不需要再賣股求現了。到了期末累積持股還剩64萬3,013股，現金帳戶也有102萬8,591元的餘額，期末現金餘額加上股價的淨值，總共約1,543萬元。

那麼，1,000萬元退休金投資於0050，會呈現什麼樣的走勢呢？根據晨星資料顯示，2020/7/10時0050淨值為95.08元，1千萬元可買進10萬5,175股。0050每半年配息一次，不夠支付6個月的生活費，所以，從下頁橙色線條可以看到，每一次配息往上跳的幅度，都不夠往下走6階，會回復到樓地板，也就是現金餘額降為0；當現金餘額不夠時，就得賣出部分股票，來應付生活費的提領。這樣持續到2024/9/20，期末累積股數雖減少為9萬9,097股，但是每股價值182.26元，總淨值約

退休後月提領5萬試算：以0050為例

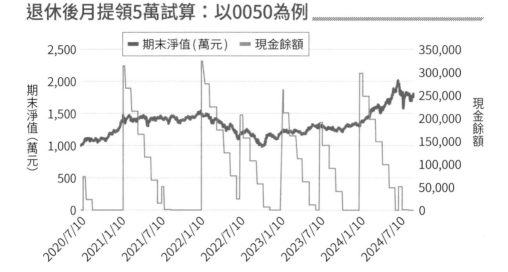

資料來源：怪老子整理，資料時間：2020/7/10～2024/9/20

1,806萬元。

　　同期間0050股數下降了5.8%，00878股數只下降3.5%，為何0050的餘額還比較多？這是因為0050淨值從開始的95.08元，上漲至期末為182.26元，漲幅高達91.7%，00878淨值則從15元漲至22.39元，漲幅為49.3%。再強調一次，投資不能只看配息，也不能只看價差，必須兩者合一。

　　不過根據我個人經驗，即便用了數據說明總報酬才是衡量投資的依據，但還是有人認為股價飄渺不定，有時高有時低，甚至於最後可能歸零，所以只想擁有現金配息。如果你還是持有這樣的心態，我建議好好複習第6章內容，就會了解只要有獲利，股價必會有支撐。

　　最後，還是要不厭其煩地提醒大家，那就是退休不只需要規劃，還必須透過執行才能達成目標，但是執行中總會遇到偏離目標情形，此時，需要適時調整。退休規劃只要有好的工具就能達成目標，最困難的

部分是退休金如何投資，才能在適度的風險下獲得最高的報酬，降低準備退休金總額需求，及增加每月提領生活費。

　　這本書除了提供實用的退休金規劃工具，也鉅細靡遺的說明了如何做好資產配置，並提供資產調整的方法，以及所需要的工具。希望大家都能好好投資理財，進而好好享受退休生活，最重要的是，對於未來的生活有自信，面對市場的任何波動都能了然於心，淡定面對。

—— 打造花不完的現金流 ——
提　　錢　　退　　休

作者 / 蕭世斌（怪老子）　　　　**社長** / 裴偉

主編 / 施禔盈　　　　　　　　　**副社長** / 陳志峻

責任編輯 / 歐陽善玲　　　　　　**總編輯** / 廖志成

校對 / 編務組　　　　　　　　　**執行副總編輯** / 賴琬莉

美術總監 / 吳勝偉　　　　　　　**副總編輯** / 施禔盈

美術主任 / 許承祐、米承鶴

封面設計 / 李俊賢

版型設計 / 徐佳慧

內頁排版 / 美術設計組

出版 / 精鏡傳媒股份有限公司

通訊地址 / 114066台北市內湖區堤頂大道一段365號7樓

電話 / （02）6636-6800

傳真 / （02）6633-3793

總經銷 / 聯合發行股份有限公司

地址 / 23145新北市新店區寶橋路235巷6弄6號2樓

電話 / （02）2917 8022

出版日期 / 2024年11月29日初版

定價 / 400元（平裝）

ISBN / 978-626-95634-4-9

印刷 / 上海印刷廠股份有限公司

版權所有，翻印必究　未經許可，不許轉載、公開播送或公開傳輸

國家圖書館出版品預行編目(CIP)資料

提錢退休 : 打造花不完的現金流 / 怪老子著.
-- 初版. -- 臺北市 : 精鏡傳媒股份有限公司, 2024.11
　面；　公分
ISBN 978-626-95634-4-9(平裝)

1.CST: 個人理財 2.CST: 退休金

563　　　　　　　　　　　　　　113016384